科创板交易指南

新一轮财富浪潮的入门手册

李志尚 编著

SPM
南方出版传媒
广东经济出版社
·广州·

图书在版编目（CIP）数据

科创板交易指南 / 李志尚编著. —广州：广东经济出版社，2020. 3
ISBN 978-7-5454-7075-8

Ⅰ. ①科… Ⅱ. ①李… Ⅲ. ①股票投资—研究—中国 Ⅳ. ①F832. 51

中国版本图书馆CIP数据核字（2019）第272498号

出 版 人：李 鹏
责任编辑：罗振文 赖芳琨 周伊凌
责任技编：陆俊帆

科创板交易指南

Kechuangban Jiaoyi Zhinan

出版发行	广东经济出版社（广州市环市东路水荫路11号11～12楼）
经销	全国新华书店
印刷	佛山市迎高彩印有限公司
	（佛山市顺德区陈村镇广隆工业区兴业七路9号）
开本	787毫米 × 1092毫米 1/16
印张	12
字数	230千字
版次	2020年3月第1版
印次	2020年3月第1次
书号	ISBN 978-7-5454-7075-8
定价	48. 00元

广东经济出版社网址：**http://www.gebook.com** 微博：**http://e.weibo.com/gebook**
图书营销中心地址：广州市环市东路水荫路 11 号 11 楼
电话：（020）87393830 邮政编码：510075
如发现印装质量问题，影响阅读，请与承印厂联系调换。
广东经济出版社常年法律顾问：胡志海律师

前言

科创板引领中国资本改革

“科创板”由国家主席习近平于2018年11月5日在首届中国国际进口博览会开幕式上宣布设立。科创板是独立于现有主板市场的新设板块，在该板块内将进行“注册制”试点。

设立“科创板”并试点注册制是提升服务科技创新企业能力、增强市场包容性、强化市场功能的一项资本市场重大改革举措。通过发行、交易、退市、投资者适当性管理、证券公司资本约束等新制度以及引入中长期资金等配套措施，增量试点、循序渐进，新增资金与试点进展同步匹配，力争在科创板实现投融资平衡、一级市场与二级市场平衡、公司的新老股东利益平衡，并促进现有市场形成良好预期。

2019年1月30日，中国证监会发布《关于在上海证券交易所设立科创板并试点注册制的实施意见》（以下简称《实施意见》）。同年3月1日，证监会发布《科创板首次公开发行股票注册管理办法（试行）》和《科创板上市公司持续监管办法（试行）》。

《实施意见》强调，在上海证券交易所（以下简称“上交所”）新设科创板，坚持面向世界科技前沿、面向经济主战场、面向国家重大需求，主要服务于符合国家战略、突破关键核心技术、市场认可度高的科技创新企业。重点支持新一代信息技术、高端装备、新材料、新能源、节能环保以及生物医药等高新技术产业和战略性新兴产业，推动互联网、大数据、云计算、人工智能和制造业深度融合，引领中高端消费，推动质量变革、效率变革、动力变革。

从科创板定位看，主要面向战略新兴产业，其门槛的界定将更符合创新型行业和公司的特点，更加具有包容性。金融活，经济活；金融稳，经济稳。经济兴，金融兴；经济强，金融强。经济是肌体，金融是血脉，两者共生共荣。

市场普遍认为，科创板的设立和注册制的试点，吹响了新一轮资本市场改革的号角，是我国不断完善资本市场基础性制度的重要举措，是在中国经济转型升级的大背景下充分发挥资本市场服务实体经济、促进科技创新的重要举措，其对中国资本市场的健康、平稳发展，对中国经济的高质量发展，必将产生积极而深远的影响。

改革开放40余年来，我国从增量改革带动存量改革的思路出发，建立新的市场板块作为改革试验田，将试点注册制并建立有效的隔离机制。由此可见，科创板是科技创新型企业对接资本发展的专属市场，对内是对我国多层次资本市场体系的补充，弥补此前大量科技创新型企业无法对接资本市场发展的遗憾；对外将会与香港交易所、纳斯达克市场竞争科技创新型经济企业，避免此前众多科技创新型经济独角兽企业流失海外，导致我国投资者无法分享其快速成长红利的局面。

设立科创板并试点注册制是实行大国科技战略和金融战略的必然选择，也表明了中国大力发展科技产业的信心和决心，把发展科技产业上升到国家战略，以应对以美国为首的西方国家对中国科技产业的技术封锁和市场封锁，从而跟上甚至引领人类第四次工业革命浪潮。

中国资本市场从20世纪90年代开始建设，到现在已有近30年的时间，构建起了主板、中小板、创业板、新三板以及私募股权投资PE等多层次资本市场体系，初步实现了直接融资和间接融资体系的金融市场结构优化。但中国资本市场的建设明显滞后于实体经济的发展，资本市场没能高效地为实体经济服务。“市场化”也已成为中国资本市场改革永恒的主题，因此“市场化”的“存量改革”将是一个宏大的经济系统性工程。

从市场运行层面看，在上交所设立科创板有维持市场平衡的必然性。因为深圳证券交易所（以下简称“深交所”）有中小板和创业板，而上交所是主板规模最大的证券市场，其市场基础好，品牌知名度高，管理经验丰富，更能降低改革成本。在上交所设立和运行科创板，还能大大降低市场的操作运行风险和管理风险，也体现出国家战略层面的新一轮改革开放。

为实现资源的“市场化”配置提供金融市场基础，也为科技创新产业提供金融市场支撑，科创板应运而生，其必将掀起一轮新的证券投资浪潮！

目录

CONTENTS

第一章

关于科创板：理解科创板的概念和意义

本章要点

笔者在本章主要讲解有关科创板的普及知识，让大家对科创板有更全面的认知。

第一节

哪些企业可以上市

中小板从筹划到设立花了5年，创业板更是历时10年才最终推出，而科创板仅历时8个月就面世。基于国家战略与市场的迫切需求，科创板的推出势在必行。

科创板将进一步推动创新型国家战略发展，进入科创引领发展模式。这和传统经济发展模式有很大的不同，过去传统经济体系主要是以土地、基础设施等不动产为生产要素，现代化经济体系则以技术、人才、品牌、商标等动产为生产要素。科创板的设立，有助于建立新的资本市场服务模式，科创板将成为服务科技创新型企业的重要工具。

科创板坚持面向世界科技前沿、面向经济主战场、面向国家重大需求，优先支持符合国家战略、拥有关键的核心技术、科技创新能力突出、主要依靠核心技术开展生产经营并具有稳定的商业模式、市场认可度高、社会形象良好和具有较强成长性的企业。

科创板根据板块定位和科创企业特点，设置多元包容的上市条件，畅通市场的“进口”。相关制度对科创板发行条件进行了精简优化，从主体资格、会计与内控、独立性、合法经营四个方面，对科创板首次公开发行条件做了规定。

《上海证券交易所科创板股票上市规则》（以下简称《上市规则》）从发行后股本总额、股权分布、市值、财务指标等方面，明确了多套科创板上市条件。

同时，在市场和财务条件方面，引入“市值”指标，与收入、现金流、净利润和研发投入等财务指标进行组合，设置了5套差异化的上市指标，可以满足在关键领域通过持续研发投入突破核心技术或取得阶段性成果、拥有良好发展前景，但财务表现不一的各类科创企业的上市需求。此外，允许符合科创板定位但尚未盈利或存在累计未弥补亏损的企业在科创板上市，允许符合相关要求的特殊股权结构企业和红筹企业在科创板上市。

总的来说，科创板重点支持新一代信息技术、高端装备、新材料、新能源、节能环保以及生物医药等高新技术产业和战略性新兴产业；推动互联网、大数据、云计算、人工智能和制造业深度融合；引领中高端消费，推动质量变革、效率变革、动力变革。

从科创板股票发行上市审核网站查询现有“已受理”名单行业来看（见图1），医药

状　态：全部（110）| 已受理（20）| 已问询（89）| 通过 | 未通过 | 提交注册 | 注册结果 | 已发行 | 中止（1）| 终止

更多条件↓

序号	发行人全称	审核状态	注册地	证监会行业	保荐机构	律师事务所	会计师事务所	更新日期	受理日期
1	天合光能股份有限公司	已受理	江苏	电气机械和器材制造业	华泰联合证券有限责任公司	北京市金杜律师事务所	华普天健会计师事务所（特殊普通合伙）	2019-05-16	2019-05-16
2	上海复旦张江生物医药股份有限公司	已受理	上海	医药制造业	海通证券股份有限公司	上海市方达律师事务所	普华永道中天会计师事务所（特殊普通合伙）	2019-05-13	2019-05-13
3	迈得医疗工业设备股份有限公司	已受理	浙江	专用设备制造业	广发证券股份有限公司	浙江天册律师事务所	天健会计师事务所（特殊普通合伙）	2019-05-10	2019-05-10
4	先临三维科技股份有限公司	已受理	浙江	通用设备制造业	中国国际金融股份有限公司	浙江天册律师事务所	天健会计师事务所（特殊普通合伙）	2019-05-10	2019-05-10
5	浙江东方基因生物制品股份有限公司	已受理	浙江	医药制造业	光大证券股份有限公司	国浩律师（杭州）事务所	立信会计师事务所（特殊普通合伙）	2019-05-09	2019-05-09
6	罗克佳华科技集团股份有限公司	已受理	北京	软件和信息技术服务业	光大证券股份有限公司	北京市天元律师事务所	天健会计师事务所（特殊普通合伙）	2019-05-09	2019-05-09
7	上海赛伦生物技术股份有限公司	已受理	上海	医药制造业	海通证券股份有限公司	上海市锦天城律师事务所	大华会计师事务所（特殊普通合伙）	2019-05-09	2019-05-09
8	北京金山办公软件股份有限公司	已受理	北京	软件和信息技术服务业	中国国际金融股份有限公司	北京市君合律师事务所	大华会计师事务所（特殊普通合伙）	2019-05-08	2019-05-08
9	深圳市有方科技股份有限公司	已受理	广东	计算机、通信和其他电子设备制造业	华创证券有限责任公司	北京德恒律师事务所	立信会计师事务所（特殊普通合伙）	2019-05-07	2019-05-07
10	北京连山科技股份有限公司	已受理	北京	软件和信息技术服务业	光大证券股份有限公司	北京国枫律师事务所	北京天圆全会计师事务所（特殊普通合伙）	2019-05-07	2019-05-07
11	北京八亿时空液晶科技股份有限公司	已受理	北京	计算机、通信和其他电子设备制造业	首创证券有限责任公司	北京市君合律师事务所	致同会计师事务所（特殊普通合伙）	2019-05-06	2019-05-06
12	中国电器科学研究院股份有限公司	已受理	广东	专业技术服务业	中信建投证券股份有限公司	北京金诚同达律师事务所	安永华明会计师事务所（特殊普通合伙）	2019-05-06	2019-05-06
13	洛阳建龙微纳新材料股份有限公司	已受理	河南	化学原料和化学制品制造业	中天国富证券有限公司	北京市京都律师事务所	瑞华会计师事务所（特殊普通合伙）	2019-04-30	2019-04-30
14	无锡祥生医疗科技股份有限公司	已受理	江苏	专用设备制造业	国金证券股份有限公司	上海市通力律师事务所	华普天健会计师事务所（特殊普通合伙）	2019-04-30	2019-04-30
15	嘉必优生物技术（武汉）股份有限公司	已受理	湖北	食品制造业	国泰君安证券股份有限公司	北京市中伦律师事务所	立信会计师事务所（特殊普通合伙）	2019-04-29	2019-04-29
16	山东奥福环保科技股份有限公司	已受理	山东	专用设备制造业	安信证券股份有限公司	江苏世纪同仁律师事务所	华普天健会计师事务所（特殊普通合伙）	2019-04-29	2019-04-29
17	龙岩卓越新能源股份有限公司	已受理	福建	废弃资源综合利用业	英大证券有限责任公司	北京德恒律师事务所	致同会计师事务所（特殊普通合伙）	2019-04-26	2019-04-26
18	博拉网络股份有限公司	已受理	重庆	互联网和相关服务	申万宏源证券承销保荐有限责任公司	北京德恒律师事务所	立信会计师事务所（特殊普通合伙）	2019-04-24	2019-04-24
19	江苏硕世生物科技股份有限公司	已受理	江苏	医药制造业	招商证券股份有限公司	上海市通力律师事务所	立信会计师事务所（特殊普通合伙）	2019-04-22	2019-04-22
20	宁波长阳科技股份有限公司	已受理	浙江	橡胶和塑料制品业	华安证券股份有限公司	国浩律师（上海）事务所	立信会计师事务所（特殊普通合伙）	2019-04-19	2019-04-19

图1

制造业、软件和信息技术服务业、计算机和通信设备制造业、互联网和相关服务的企业居多；其次是专业技术、专用设备、化学制品、橡胶和塑料、废弃资源综合利用等企业。

笔者从中挑选三家为例解析科创企业的性质特征，最终能否注册成功上市以公布结果为准。

一、上海复旦张江生物医药股份有限公司

2019年5月13日，港股上市公司上海复旦张江生物医药股份有限公司（01349.HK复旦张

江）的科创板上市申请获得上交所受理。关于上海复旦张江生物医药股份有限公司的相关信息见图2和图3。

复旦张江成立于1996年，注册地位于上海市浦东新区张江高科技园区，主要从事生物医药的创新研究开发、生产制造和市场营销。

复旦张江现有药品主要覆盖皮肤性病治疗和抗肿瘤治疗领域，包括基于光动力技术平台的盐酸氨酮戊酸外用散（商品名：艾拉）和注射用海姆泊芬（商品名：复美达），以及基于纳米技术平台的抗肿瘤药物长循环盐酸多柔比星脂质体注射液（商品名：里葆多）。

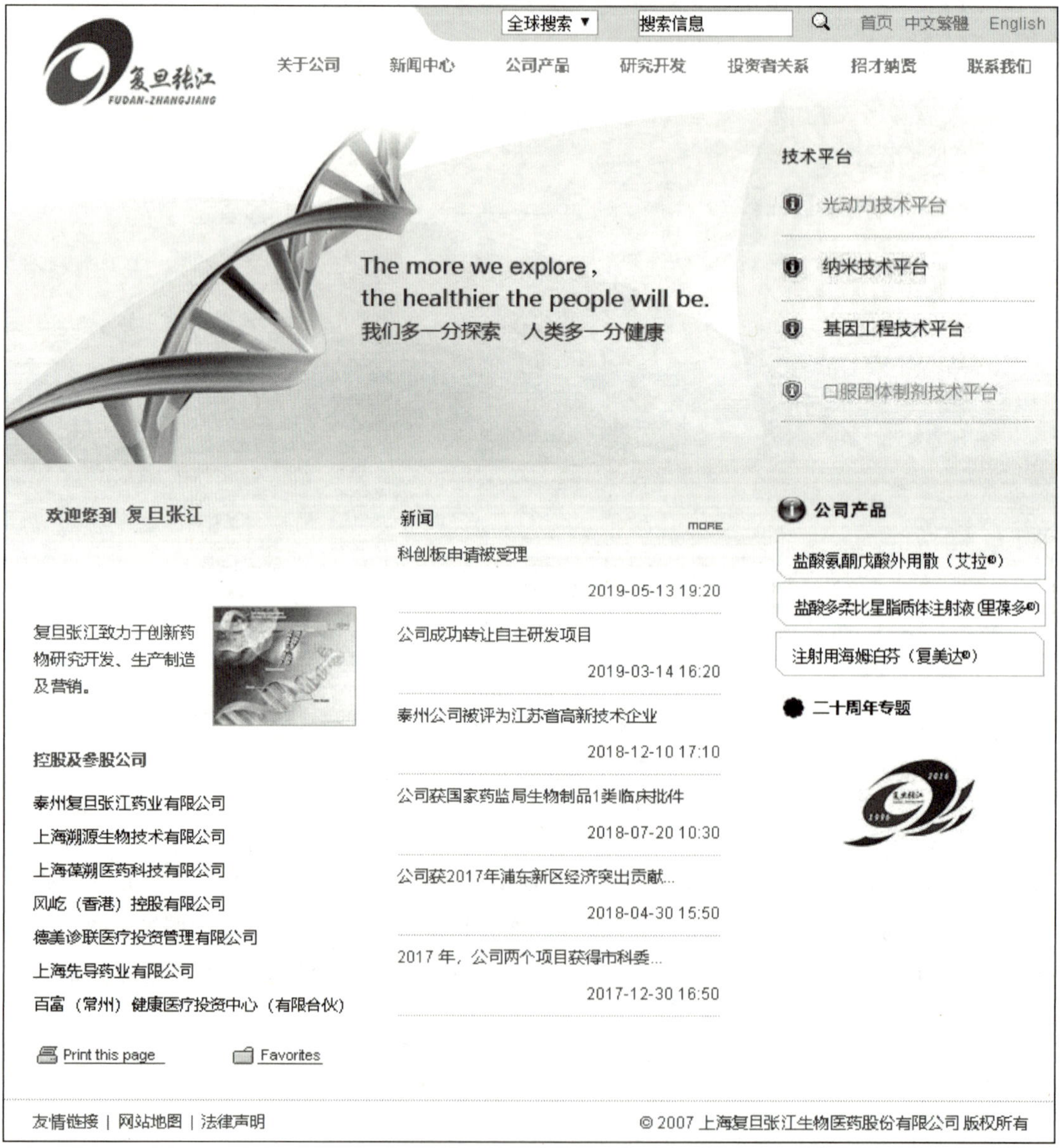

图2

其中，“艾拉”是世界首个用于尖锐湿疣治疗的光动力药物，为复旦张江国内独家生产销售产品。艾拉自2007年产品上市至2018年末，已累计实现销售337.4万支，累计销售收入超过18.63亿元。

“复美达”是全球首创的光动力治疗药物，属化学药品第1.1类，是集新作用机理、新化合物和新适应症为一体的新药，同样是复旦张江国内独家生产销售产品。复美达于2012年获得新药证书，2016年获得生产批件，2017年开始生产销售，自产品上市至2018年末，已累计实现销售2.5万支，累计销售收入超过0.90亿元。

“里葆多”于2009年上市销售，是全球首个抗癌类脂质体药物Doxil的国内首仿药。至2018年末，里葆多已累计实现销售48.5万支，累计销售收入超过17.05亿元。

2018年度上述三大产品中，艾拉的销售收入占公司总收入比例最高，超过五成达53.34%；里葆多的销售收入占公司总收入比例为36.33%；复美达的销售收入占公司总收入比例最小，仅为7.79%。

复旦张江近3年营收业绩平稳，净利润则出现一定波动。2016年，公司营业收入6.39亿元，净利润1.30亿元。2017年，公司营业收入5.11亿元，同比下滑20.03%；净利润0.60亿元，同比下滑53.85%。2018年，公司营业收入7.42亿元，同比增长45.21%；净利润1.30亿元，同比增长116.67%。

复旦张江选择的上市标准为《上市规则》中的第一类门槛：预计市值不低于人民币10亿元，最近两年净利润均为正且累计净利润不低于人民币5000万元，或者预计市值不低于人民币10亿元，最近一年净利润为正且营业收入不低于人民币1亿元。

复旦张江已在港股上市17年。2002年8月12日，公司在香港以每股港币0.8元的价格发行

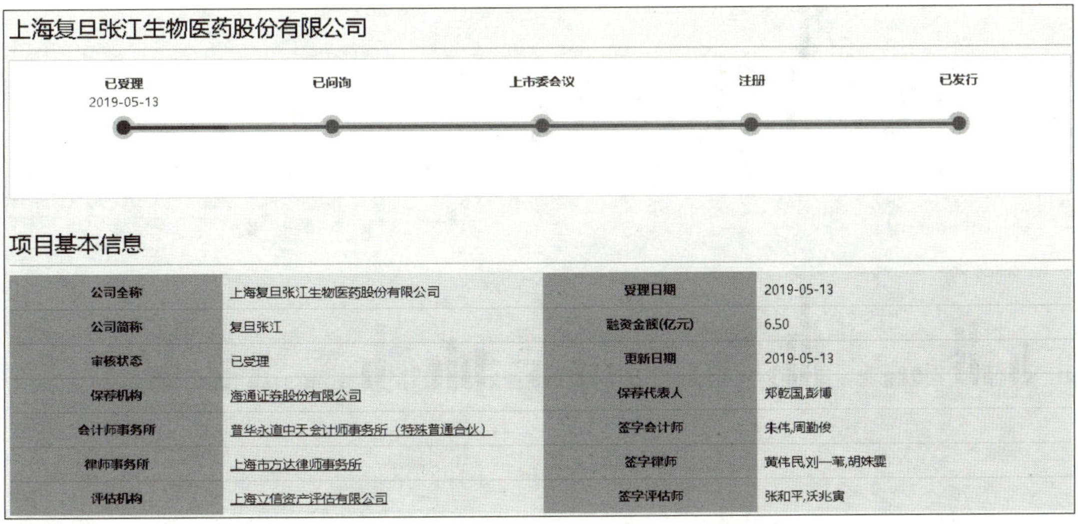
上海复旦张江生物医药股份有限公司

已受理 2019-05-13　已问询　上市委会议　注册　已发行

项目基本信息

公司全称	上海复旦张江生物医药股份有限公司	受理日期	2019-05-13
公司简称	复旦张江	融资金额(亿元)	6.50
审核状态	已受理	更新日期	2019-05-13
保荐机构	海通证券股份有限公司	保荐代表人	郑乾国,彭博
会计师事务所	普华永道中天会计师事务所（特殊普通合伙）	签字会计师	朱伟,周勤俊
律师事务所	上海市方达律师事务所	签字律师	黄伟民,刘一苇,胡姝霙
评估机构	上海立信资产评估有限公司	签字评估师	张和平,沃兆寅

图3

了面值为人民币0.1元的外资股共计1.98亿股，其中包括由内资股东原持有的1800万股内资股转为H股并出售。2002年8月13日开始在香港创业板上市交易。

2013年9月13日，公司向香港联交所提交转板申请，申请批准通过由创业板转往主板上市的方式，将全部发行的3.4亿股H股于主板上市买卖。2013年12月16日，公司H股正式开始在主板交易。

复旦张江目前的股权结构较为分散。持股5%以上的股东共有4名，分别是上海医药（601607）持股15.12%，新企二期持股17.00%，个人股东杨宗孟和王海波分别持股8.67%及6.27%。

此外，上海医药还持有7056万股H股，内资股及H股合计占总股本的22.77%。

更重要的是"国家队"——中国证券金融股份有限公司（证金公司）、中央汇金资产管理有限责任公司（汇金公司）以及全国社保基金均通过上海医药成为复旦张江的间接股东。

上海复旦资产经营管理公司持股3.32%，其为复旦大学的全资子公司。

2019年3月8日，复旦张江就抢先一步通过公告宣布了计划进军科创板的计划。消息发布之后，复旦张江的港股股价迎来一波暴涨（见图4），同年3月11日直接跳空高开，当日股价涨幅达到26.35%。此后，该股股价从5.85港元一路上涨到最高8.5港元，之后逐渐回落修整。在此期间，A股复旦复华、张江高科和上海医药亦同步出现走强的现象。这些个股在科创板上市后的行情值得期待，在此笔者并无荐股之意，由于这些企业现成产品比较单一，对拳头产品的依赖性较高，投资时还要考虑新药品的研发投入和收入平衡性。

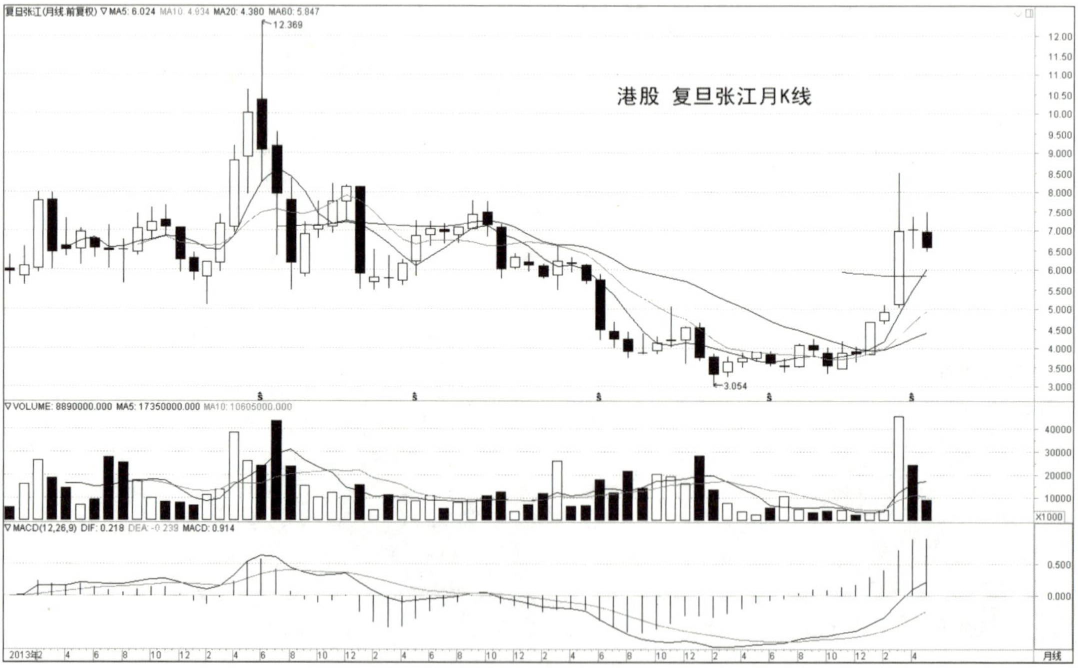

图4

另外，还有几家在港股交易的上市公司进军科创板，例如昊海生物科技、中国通号、微创医疗分拆附属公司上海微创心脉医疗科技股份有限公司、威胜控股附属公司威胜信息技术。这些企业对于企业历史相关数据和行业有可比性，便于投资者们研究与分析。

二、北京金山办公软件股份有限公司

作为一家办公软件和服务提供商，北京金山办公软件股份有限公司（以下简称“金山办公”）主要从事WPS Office办公软件、产品及服务的设计研发及销售推广。公司产品主要包括WPS Office办公软件和金山词霸等。公司服务主要包括基于公司产品及相关文档的增值服务以及互联网广告推广服务（详见图5、图6）。

图5

2019年5月8日，上交所受理金山办公科创板上市申请。招股书显示，本次金山办公拟融资20.50亿元，拟发行不超过10100万股，不超过发行后总股本的21.91%（金山办公项目基本信息见图7）。

金山办公所选择的科创板上市门槛为第一项，即“预计市值不低于人民币10亿元，最近两年净利润均为正且累计净利润不低于人民币5000万元”。

图6

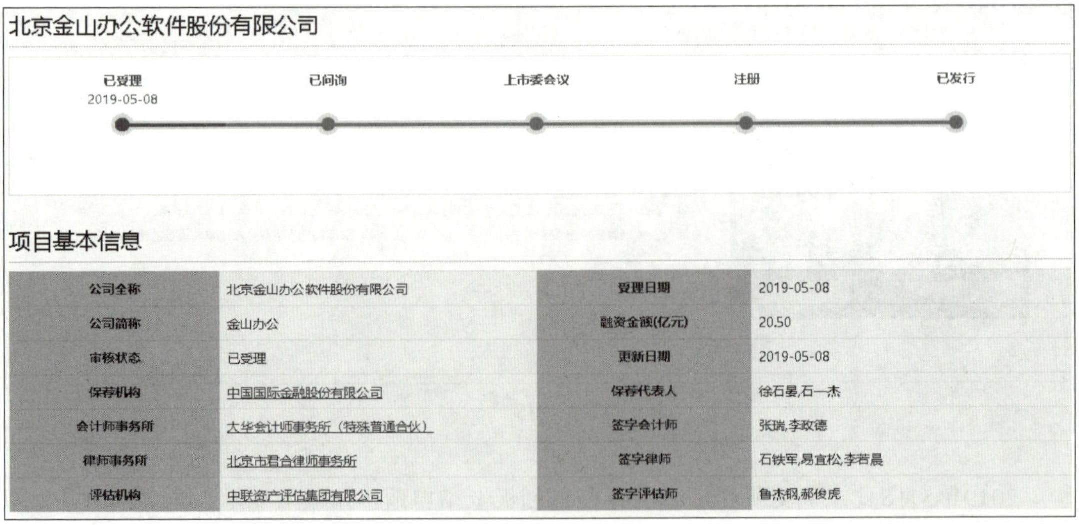

公司全称	北京金山办公软件股份有限公司	受理日期	2019-05-08
公司简称	金山办公	融资金额(亿元)	20.50
审核状态	已受理	更新日期	2019-05-08
保荐机构	中国国际金融股份有限公司	保荐代表人	徐石晏,石一杰
会计师事务所	大华会计师事务所（特殊普通合伙）	签字会计师	张瑞,李政德
律师事务所	北京市君合律师事务所	签字律师	石铁军,易宜松,李若晨
评估机构	中联资产评估集团有限公司	签字评估师	鲁杰钢,郝俊虎

图7

招股书显示，2017年、2018年金山办公的营业收入分别为7.50亿元和11.20亿元。2017年度净利润为2.14亿元，2018年度净利润达到3.10亿元。2018年，该公司研发投入占营业收入的比例为37.85%。

数据方面，2018年12月，公司主要产品月度活跃用户数（MAU）超过3.10亿，其中WPS Office桌面版月度活跃用户数超过1.20亿；WPS Office移动版月度活跃用户数超过1.81亿；公司其他产品（如金山词霸等）月度活跃用户数接近0.10亿。

WPS Office移动版已覆盖全球超过220个国家和地区。值得注意的是，金山办公产品在国内政府部门有着较广的覆盖率，目前已覆盖30多个省、市、自治区政府以及400多个市县级政府。金山办公已发展成为全球先进、国内领先的办公软件厂商之一，是国内最大的国产办公软件及服务提供商。

在国内96家央企中，金山服务的客户已有82家，比例达85.41%，主要客户涵盖全国五大国有商业银行、11家全国性股份制商业银行，此外还有中国石油天然气集团公司、国家电网公司、中国工商银行股份有限公司、中国南方航空股份有限公司等。

金山办公的控股股东为WPS香港，占股67.5%，实际控制人则是小米集团董事长雷军，后者间接持有金山办公11.99%的股权。雷军于1992年起就职于这家公司，负责发展和拓展业务运作，此后曾担任该公司CEO。现在雷军仍是金山办公的董事之一。

三、晶晨半导体（上海）股份有限公司

晶晨半导体（上海）股份有限公司（以下简称“晶晨半导体”）是一家全球领先的无晶圆片上系统半导体公司，1995年创立，全球总部现设立于中国上海。图8为晶晨半导体产品中心信息。

图8

2018年9月20日中国证监会官网披露了《晶晨半导体（上海）股份有限公司辅导备案基本情况表》。资料显示，晶晨半导体于2018年9月17日和国泰君安证券股份有限公司签署了上市辅导协议，会计师事务所为安永华明会计师事务所，律师事务所为北京市君合律师事务所。公司是全球无晶圆半导体系统设计的领导者，为多种开放平台提供各种多媒体电子产品，包括OTT、IP机顶盒、智能电视和智能家居产品。公司拥有高度优化的高清多媒体处理引擎、系统IP和业界领先的CPU和GPU技术，为付费电视运营商、OEM与ODM厂商提供产品解决方案。晶晨半导体通过各项专利技术能够实现前所未有的成本、性能和功耗优化。晶晨半导体能够提供Android和Linux的交钥匙方案，帮助合作伙伴快速部署市场，项目基本信息见图9。

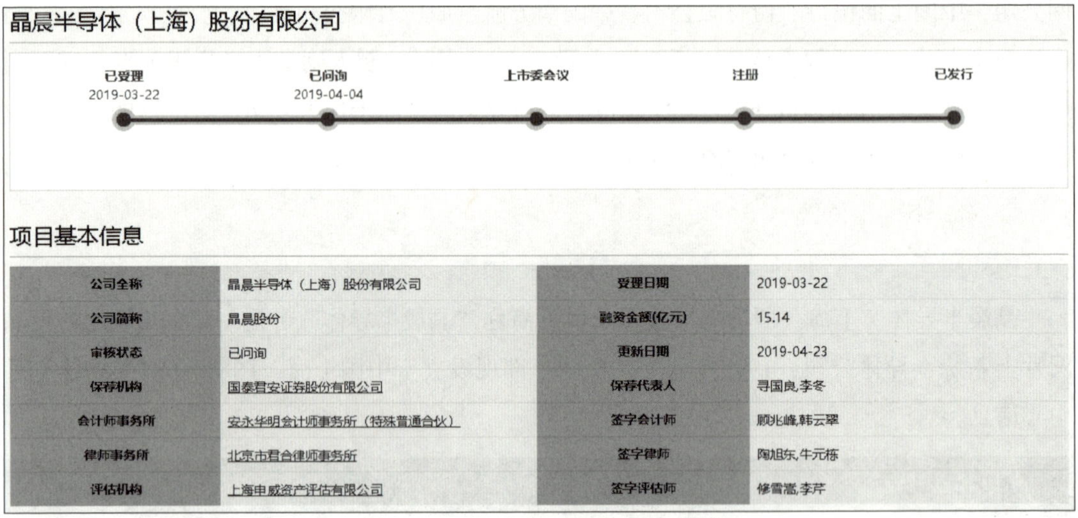
晶晨半导体（上海）股份有限公司

项目基本信息

公司全称	晶晨半导体（上海）股份有限公司	受理日期	2019-03-22
公司简称	晶晨股份	融资金额(亿元)	15.14
审核状态	已问询	更新日期	2019-04-23
保荐机构	国泰君安证券股份有限公司	保荐代表人	寻国良,李冬
会计师事务所	安永华明会计师事务所（特殊普通合伙）	签字会计师	顾兆峰,韩云翠
律师事务所	北京市君合律师事务所	签字律师	陶旭东,牛元栋
评估机构	上海申威资产评估有限公司	签字评估师	修雪嵩,李芹

图9

晶晨半导体的集成电路设计业务起源于美国硅谷，目前在上海、北京、深圳、香港等地设有研发中心或支持和销售分支机构，产品遍及全世界80多个国家和地区，是全球最大的智能芯片供应商之一。

正如其名字所述，晶晨半导体是一家长期专注视讯芯片的半导体公司，所生产的智能机顶盒芯片、智能电视芯片和AI音视频系统终端芯片已经广泛应用于TCL电视、创维电视、小米系列产品中（见图10）。

在A股中，华胜天成（600410）和泰达股份（000652）间接持有晶晨半导体股份；参股晶晨半导体的A股上市公司有TCL集团（000100）和创维数字（000810）。此外，华域汽车（600741）的全资子公司华域上海，直接持有晶晨半导体5.45%的股份。而其背后则为上汽集团股权投资基金实际控制的产业。

晶晨半导体与同在科创板的和舰芯片制造（苏州）股份有限公司（以下简称“和舰芯

图10

片”）相比属于优等，因为和舰芯片2018年净利润亏损26亿元。而晶晨半导体在2016年、2017年和2018年的营业收入分别为11.5亿元、16.9亿元和23.69亿元；实现净利润分别为0.73亿元、0.78亿元和2.82亿元。从营业收入和净利润的角度来说，增速非常明显。

公司主要收入来源为多媒体智能终端应用处理器芯片，其2018年营业收入23.68亿元，占比99.96%；其中智能机顶盒芯片的营收贡献率一直最高，2016—2018年，该项产品营收占比都在50%以上，分别为81.42%、76.29%、55.62%。在OTT机顶盒芯片零售市场中，2018 年公司市场份额位列国内第一，在该细分领域处于市场领先地位。

在晶晨半导体的销售客户方面，客户过于集中，也存在一定的风险。招股书显示，2016—2018年，公司对前五大客户销售收入合计占当期营业收入的比例分别为72.29%、59.65%和63.35%，集中度相对较高。

2018年晶晨半导体的第三大客户为小米公司，对其销售额为2.62亿元，占晶晨半导体2018年营业收入的11.06%；而第一大和第二大客户均为香港公司，对其销售额分别为5.31亿元和2.79亿元，分别占营业收入的22.41%和11.78%。

另外特别点评一下另外两家企业：

一、中国通号（募资数额最高）

在申报科创板的110家企业中，中国通号以105亿元的募集资金暂列榜首，用于先进及智能技术研发项目、先进及智能制造基地项目等。也是110家企业中唯一一家申报科创板企业募资数额超百亿的企业。

招股书显示，中国通号自成立以来专注于轨道交通控制系统技术的研究与探索，公司提供轨道交通控制系统全产业链上的产品及服务，主要业务为设计集成。财务数据显示，2016—2018年中国通号实现的营业收入分别约为297.7亿元、345.86亿元、400亿元，对应实现的归属母公司所有者的净利润分别约为30.45亿元、32.22亿元、34.09亿元。

二、九号智能（业绩表现较差）

九号智能是唯一一家在2016—2018年归属母公司股东净利润连续亏损的企业。2019年4月17日晚间，九号智能正式拿到科创板的“准考证”。

据九号智能披露的公开发行存托凭证并在科创板上市招股书显示，公司主营业务为各类智能短程移动设备的设计、研发、生产、销售及服务。财务数据显示，2016—2018年，九号智能实现的营业收入分别约为11.53亿元、13.81亿元、42.48亿元。虽然营业收入保持大幅增长的态势，但是九号智能在报告期内归属净利润却连续亏损。数据还显示，九号智能2016—2018年实现的归属净利润分别约为－1.58亿元、－6.27亿元、－17.99亿元。

需要指出的是，九号智能也是目前申报科创板企业中首家尝鲜中国存托凭证（CDR）发行的企业。九号智能在招股书中称，目前CDR属于市场创新产品，中国境内资本市场尚无先例，其未来的交易活跃程度、价格决定机制、投资者关注度等均存在较大的不确定性；同时，由于CDR的交易框架中涉及发行人、存托机构、托管机构等多个法律主体，其交易结构及原理与股票相比更为复杂。再加之科创板价格决定机制尚未成熟，因此可能存在公司发行CDR在科创板上市后，CDR的交易价格大幅波动的风险。

笔者寄语

科创板应实现资本市场和科技创新更加深度的融合。科技创新具有投入大、周期长、风险高等特点，间接融资、短期融资在这方面常常会感觉力有不逮，科技创新离不开长期资本的催化和引领。资本市场对于促进科技和资本的融合、加速创新资本的形成和有效循环，具有至关重要的作用。

第二节
上市发行有哪些规则

一、科创板股票发行上市审核规则（总则摘要）

第一条：根据《中华人民共和国证券法》（以下简称《证券法》）、《中华人民共和国公司法》《关于在上海证券交易所设立科创板并试点注册制的实施意见》（以下简称《实施意见》）、《科创板首次公开发行股票注册管理办法（试行）》（以下简称《注册办法》）等相关法律、行政法规、部门规章和规范性文件，制定本规则。

第二条：符合《国务院办公厅转发证监会关于开展创新企业境内发行股票或存托凭证试点若干意见的通知》（国办发〔2018〕21号）及中国证监会和上交所（简称“本所”）相关规定的红筹企业，申请发行股票或者存托凭证并在科创板上市的审核，适用本规则。

第三条：发行人申请股票首次发行上市，应当符合科创板定位，面向世界科技前沿、面向经济主战场、面向国家重大需求。优先支持符合国家战略，拥有关键核心技术，科技创新能力突出，主要依靠核心技术开展生产经营，具有稳定的商业模式，市场认可度高，社会形象良好，具有较强成长性的企业。

第四条：发行人申请股票首次发行上市，应当向本所提交发行上市申请文件（科创板发行上市审核实行电子化审核）。本所对发行人的发行上市申请文件进行审核（以下简称发行上市审核），审核通过的，将审核意见、发行上市申请文件及相关审核资料报送中国证监会履行注册程序；审核不通过的，作出终止发行上市审核的决定。

第五条：本所发行上市审核基于科创板定位，重点关注并判断下列事项：

（一）发行人是否符合中国证监会规定的科创板股票发行条件；

（二）发行人是否符合本所规定的科创板股票上市条件；

（三）发行人的信息披露是否符合中国证监会和本所要求。

第六条：本所通过审核发行上市申请文件，督促发行人真实、准确、完整地披露信息，保荐人、证券服务机构切实履行信息披露的把关责任；督促发行人及其保荐人、证券服务机构提高信息披露质量，便于投资者在信息充分的情况下作出投资决策。本所发行上市审核遵循依法合规、公开透明、便捷高效的原则，提高审核透明度，明确市场预期。

第七条：本所发行上市审核实行电子化审核，申请、受理、问询、回复等事项通过本所发行上市审核业务系统办理。

详细申请上市方法步骤见图11～图20。

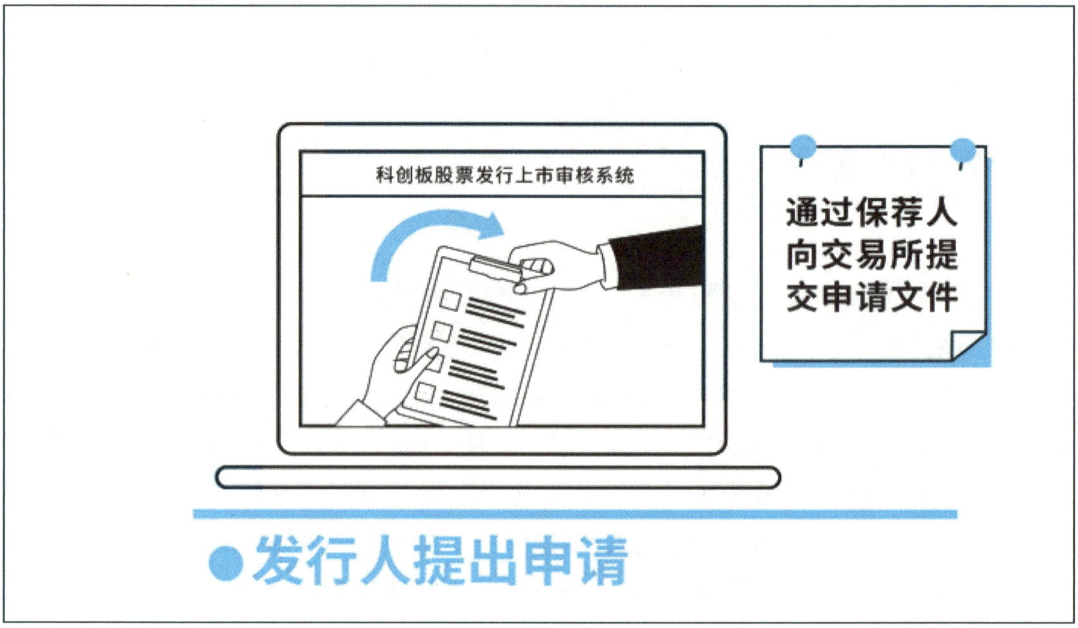

图11

图12

交易所审核问询
通过提出问题、回答问题等方式
20个工作日内，提出首轮审核问询
审核问询可多轮进行

图13

?
发行人回复问询
及时、逐条回复审核问询
可申请豁免披露属于国家秘密、商业机密的信息

图14

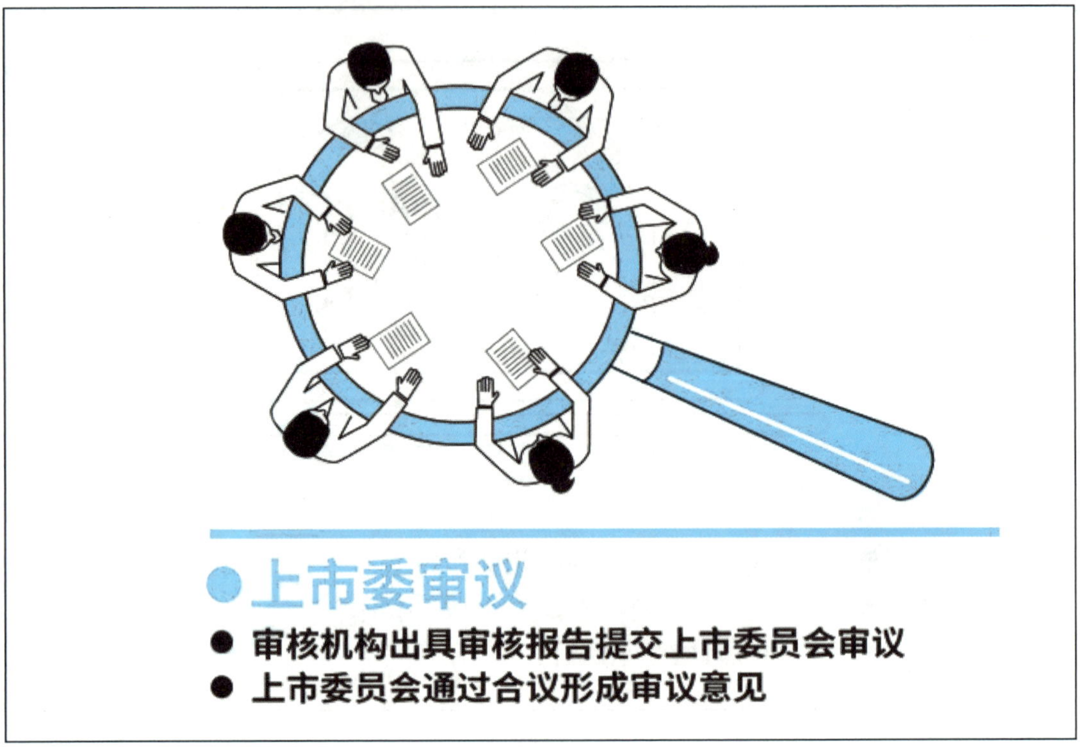
上市委审议
● 审核机构出具审核报告提交上市委员会审议
● 上市委员会通过合议形成审议意见

图15

交易所出具审核意见
● 3个月内，出具同意或不同意发行上市的审核意见

图16

向证监会报送材料
● 交易所审核通过的，将同意发行上市的审核意见、相关审核材料和发行人的发行上市申请文件报送证监会

图17

20
证监会履行发行注册程序
● 20个工作日内，作出同意注册或者不予注册的决定
● 可要求交易所进一步问询或退回交易所补充审核

图18

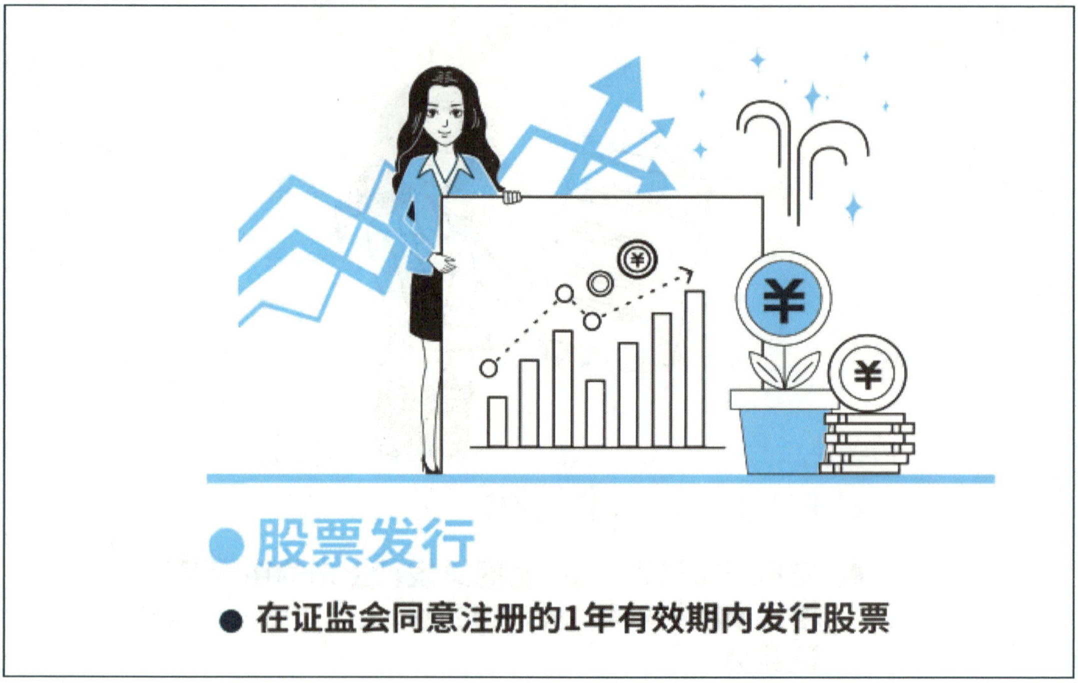
股票发行
在证监会同意注册的1年有效期内发行股票

图19

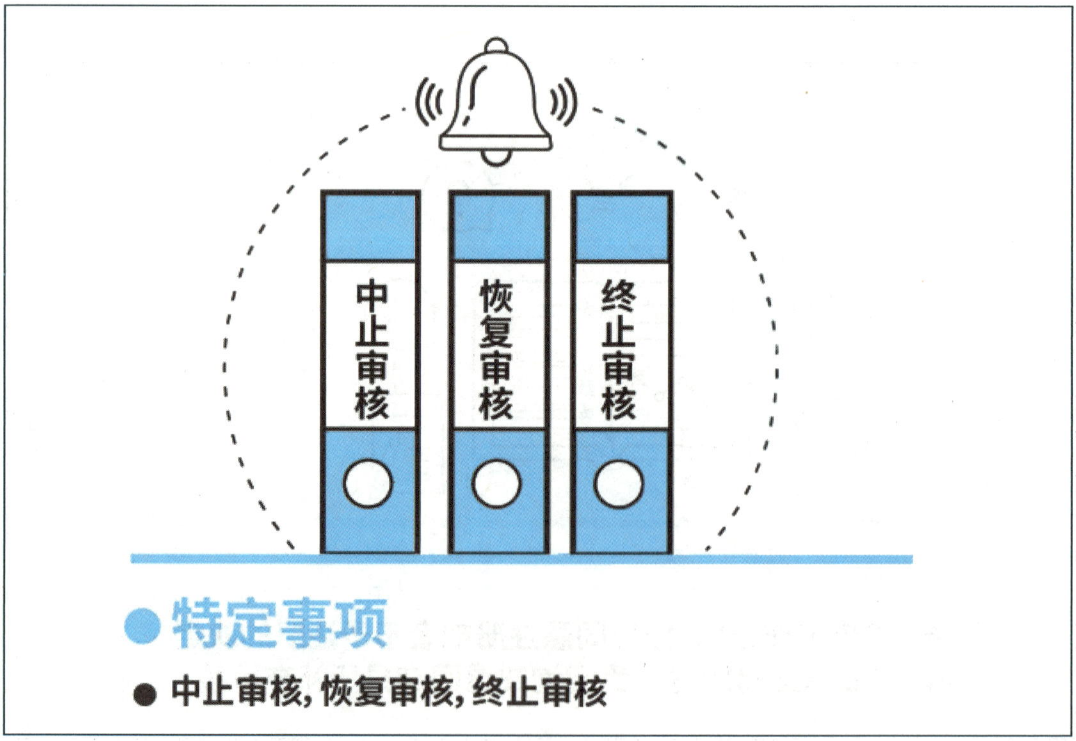
中止审核
恢复审核
终止审核
特定事项
中止审核，恢复审核，终止审核

图20

二、科创板5套差异化的上市指标

发行人申请在上交所科创板上市，应当符合下列条件：

（一）符合中国证监会规定的发行条件；

（二）发行后股本总额不低于人民币3000万元；

（三）公开发行的股份达到公司股份总数的25%以上；公司股本总额超过人民币4亿元的，公开发行股份的比例为10%以上；

（四）市值及财务指标符合本规则规定的标准；

（五）上交所规定的其他上市条件。

第二十二条：市值及财务指标应当至少符合下列标准中的一项。

发行人申请股票首次发行上市的，应当符合《上海证券交易所科创板股票上市规则》规定的上市条件。

除本规则第二十三条、第二十四条规定的情形外，发行人申请股票首次发行上市的，应当至少符合下列上市标准中的一项，发行人的招股说明书和保荐人的上市保荐书应当明确说明所选择的具体上市标准：

（一）预计市值不低于人民币10亿元，最近2年净利润均为正且累计净利润不低于人民币5000万元，或者预计市值不低于人民币10亿元，最近1年净利润为正且营业收入不低于人民币1亿元。

（二）预计市值不低于人民币15亿元，最近1年营业收入不低于人民币2亿元，且最近三年研发投入合计占最近3年营业收入的比例不低于15%。

（三）预计市值不低于人民币20亿元，最近1年营业收入不低于人民币3亿元，且最近3年经营活动产生的现金流量净额累计不低于人民币1亿元。

（四）预计市值不低于人民币30亿元，且最近1年营业收入不低于人民币3亿元。

（五）预计市值不低于人民币40亿元，主要业务或产品需经国家有关部门批准，市场空间大，目前已取得阶段性成果，并获得知名投资机构一定金额的投资。医药行业企业需取得至少一项一类新药二期临床试验批件，其他符合科创板定位的企业需具备明显的技术优势并满足相应条件。

三、创新企业境内发行股票或存托凭证

第二十三条：符合《国务院办公厅转发证监会关于开展创新企业境内发行股票或存托凭证试点若干意见的通知》（国办发〔2018〕21号）相关规定的红筹企业，可以申请发行股票或存托凭证并在科创板上市。

营业收入快速增长，拥有自主研发、国际领先技术，同行业竞争中处于相对优势地位

的尚未在境外上市红筹企业，申请发行股票或存托凭证并在科创板上市的，市值及财务指标应当至少符合下列上市标准中的一项，发行人的招股说明书和保荐人的上市保荐书应当明确说明所选择的具体上市标准：

（一）预计市值不低于人民币100亿元；

（二）预计市值不低于人民币50亿元，且最近一年营业收入不低于人民币5亿元。

第二十四条：存在表决权差异安排的发行人申请股票或者存托凭证首次公开发行并在科创板上市的，其表决权安排等应当符合《上海证券交易所科创板股票上市规则》等规则的规定；发行人应当至少符合下列上市标准中的一项，发行人的招股说明书和保荐人的上市保荐书应当明确说明所选择的具体上市标准：

（一）预计市值不低于人民币100亿元；

（二）预计市值不低于人民币50亿元，且最近一年营业收入不低于人民币5亿元。

四、科创板上市注册制审核程序（摘要）

第三十九条：对股票首次发行上市申请，本所发行上市审核机构自受理之日起20个工作日内，通过保荐人向发行人提出首轮审核问询。在首轮审核问询发出前，发行人及其保荐人、证券服务机构及其相关人员不得与审核人员接触，不得以任何形式干扰审核工作。

第四十一条：首轮审核问询后，存在下列情形之一的，本所发行上市审核机构收到发行人回复后10个工作日内可以继续提出审核问询：

（一）首轮审核问询后，发现新的需要问询事项；

（二）发行人及其保荐人、证券服务机构的回复未能有针对性地回答本所发行上市审核机构提出的审核问询，或者本所就其回复需要继续审核问询；

（三）发行人的信息披露仍未满足中国证监会和本所规定的要求；

（四）本所认为需要继续审核问询的其他情形。

第四十八条：申请股票首次发行上市的，本所自受理发行上市申请文件之日起3个月内出具同意发行上市的审核意见或者作出终止发行上市审核的决定，但发行人及其保荐人、证券服务机构回复本所审核问询的时间不计算在内。发行人及其保荐人、证券服务机构回复本所审核问询的时间总计不超过3个月。本规则规定的中止审核、请示有权机关、落实上市委员会意见、实施现场检查等情形，不计算在前款规定的时限内。

第五十六条：发行人在取得中国证监会同意注册决定后，启动股票公开发行前，应当在本所网站和中国证监会指定网站披露招股意向书。

第五十七条：发行价格确定后5个工作日内，发行人应当在本所网站和中国证监会指定网站刊登招股说明书，同时在中国证监会指定报刊刊登提示性公告，告知投资者网上刊登的地址及获取文件的途径。

招股说明书的有效期为6个月，自公开发行前最后一次签署之日起计算。发行人应当使用有效期内的招股说明书完成本次发行。

招股说明书中引用的财务报表在其最近一期截止日后6个月内有效。特别情况下发行人可以申请适当延长，延长至多不超过1个月。财务报表应当以年度末、半年度末或者季度末为截止日。

第八十三条：本规则下列用语具有如下含义：

（一）营业收入：指公司利润表列报的营业收入；公司编制合并财务报表的为合并利润表列报的营业总收入。

（二）净利润：指公司利润表列报的净利润；公司编制合并财务报表的为合并利润表列报的归属于母公司所有者的净利润，不包括少数股东损益。

（三）经营活动产生的现金流量净额：指公司现金流量表列报的经营活动产生的现金流量净额；公司编制合并财务报表的为合并现金流量表列报的经营活动产生的现金流量净额。

（四）预计市值：指股票公开发行后按照总股本乘以发行价格计算出来的发行人股票名义总价值。

（五）红筹企业：指注册地在境外、主要经营活动在境内的企业。

（六）表决权差异安排：指发行人按照《中华人民共和国公司法》第一百三十一条的规定，在一般规定的普通股份之外，发行拥有特别表决权的股份。每一特别表决权的股份拥有的表决权数量大于每一普通股份拥有的表决权数量，其他股东权利与普通股份相同。

（七）验证版招股说明书：指在招股说明书中标示出重要的披露内容对应保荐工作底稿依据的招股说明书版本。

五、科创板企业上市推荐指引（摘要）

第二条：保荐机构应当基于科创板定位，推荐企业在科创板发行上市。保荐机构在把握科创板定位时，应当遵循下列原则：

（一）坚持面向世界科技前沿、面向经济主战场、面向国家重大需求；

（二）尊重科技创新规律和企业发展规律；

（三）处理好科技创新企业当前现实和科创板建设目标的关系；

（四）处理好优先推荐科创板重点支持的企业与兼顾科创板包容的企业之间的关系。

第三条：保荐机构应当按照《实施意见》《注册管理办法》《审核规则》明确的科创板定位要求，优先推荐下列企业：

（一）符合国家战略、突破关键核心技术、市场认可度高的科技创新企业；

（二）属于新一代信息技术、高端装备、新材料、新能源、节能环保以及生物医药等高新技术产业和战略性新兴产业的科技创新企业；

（三）互联网、大数据、云计算、人工智能和制造业深度融合的科技创新企业。保荐机构在优先推荐前款规定企业的同时，可以按照本指引的要求，推荐其他具有较强科技创新能力的企业。

第四条：保荐机构应当准确把握科创板定位，切实履行勤勉尽责要求，做好推荐企业是否符合科创板定位的核查论证工作，就企业是否符合相关行业范围、依靠核心技术开展生产经营、具有较强成长性等事项进行专业判断，审慎作出推荐决定，并就企业符合科创板定位出具专项意见。

第五条：保荐机构应当准确把握科技创新企业的运行特点，充分评估企业科技创新能力，重点关注以下事项：

（一）是否掌握具有自主知识产权的核心技术，核心技术是否权属清晰、是否国内或国际领先、是否成熟或者存在快速迭代的风险；

（二）是否拥有高效的研发体系，是否具备持续创新能力，是否具备突破关键核心技术的基础和潜力，包括但不限于研发管理情况、研发人员数量、研发团队构成及核心研发人员背景情况、研发投入情况、研发设备情况、技术储备情况；

（三）是否拥有市场认可的研发成果，包括但不限于与主营业务相关的发明专利、软件著作权及新药批件情况，独立或牵头承担重大科研项目情况，主持或参与制定国家标准、行业标准情况，获得国家科学技术奖项及行业权威奖项情况；

（四）是否具有相对竞争优势，包括但不限于所处行业市场空间和技术壁垒情况，行业地位及主要竞争对手情况，技术优势及可持续性情况，核心经营团队和技术团队竞争力情况；

（五）是否具备技术成果有效转化为经营成果的条件，是否形成有利于企业持续经营的商业模式，是否依靠核心技术形成较强成长性，包括但不限于技术应用情况、市场拓展情况、主要客户构成情况、营业收入规模及增长情况、产品或服务盈利情况；

（六）是否服务于经济高质量发展，是否服务于创新驱动发展战略、可持续发展战略、军民融合发展战略等国家战略，是否服务于供给侧结构性改革。保荐机构应当在《关于发行人符合科创板定位要求的专项意见》中披露相关核查过程、依据和结论。

第六条：保荐机构应当准确把握科技创新的发展趋势，重点推荐下列领域的科技创新企业：

（一）新一代信息技术领域，主要包括半导体和集成电路、电子信息、下一代信息网络、人工智能、大数据、云计算、新兴软件、互联网、物联网和智能硬件等；

（二）高端装备领域，主要包括智能制造、航空航天、先进轨道交通、海洋工程装备及相关技术服务等；

（三）新材料领域，主要包括先进钢铁材料、先进有色金属材料、先进石化化工新材料、先进无机非金属材料、高性能复合材料、前沿新材料及相关技术服务等；

（四）新能源领域，主要包括先进核电、大型风电、高效光电光热、高效储能及相关技术服务等；

（五）节能环保领域，主要包括高效节能产品及设备、先进环保技术装备、先进环保产品、资源循环利用、新能源汽车整车、新能源汽车关键零部件、动力电池及相关技术服务等；

（六）生物医药领域，主要包括生物制品、高端化学药、高端医疗设备与器械及相关技术服务等；

（七）符合科创板定位的其他领域。

第七条：保荐机构不得推荐国家产业政策明确抑制行业的企业，不得推荐危害国家安全、公共安全、生态安全、生产安全、公众健康安全的企业。

第八条：保荐机构关于科创板定位的核查论证工作将作为上海证券交易所（以下简称本所）对保荐机构和保荐代表人执业质量考核的依据。

第九条：本所基于科创板定位开展发行上市审核工作，结合保荐机构出具的专项意见，对企业是否符合科创板定位予以充分关注。

第十条：本所可以根据国家经济发展战略和产业政策导向，对本指引所列重点推荐领域以及重点关注事项等进行调整。

六、科创板股票发行上市申请文件受理指引（摘要）

第三条：发行人应当通过保荐人向本所发行上市审核业务系统提交电子版申请文件，申请文件应当与书面原件一致。相关申请文件应由两名保荐代表人签字。每名保荐代表人可在科创板同时负责两家在审企业，但存在下列情形之一的，仅可在科创板负责一家在审企业：

（一）最近3年内有过违规记录，包括被中国证监会采取过监管措施、受到过证券交易所公开谴责或中国证券业协会自律处分；

（二）最近3年内未曾担任过已完成的首发、再融资项目签字保荐代表人。申报项目时，保荐人应针对签字保荐代表人申报的在审企业家数及是否存在前款第一项、第二项情况做出说明与承诺。

第十一条： 保荐人提交的发行上市申请在12个月内累计二次被本所不予受理的，本所自第二次作出不予受理决定之日起3个月内不再受理该保荐人报送的发行上市申请。

笔者寄语

与沪市主板核准制不同，科创板试点实施注册制审核。首次公开发行股票并在科创板上市，应当符合发行条件、上市条件以及相关信息披露要求，依法经上交所发行上市审核并报经证监会履行发行注册程序。

科创板退市制度充分借鉴已有的退市实践，相比沪市主板更为严格，退市时间更短、退市速度更快。在退市情形上，新增市值低于规定标准、上市公司信息披露或者规范运作存在重大缺陷导致退市的情形。在执行标准上，对于明显丧失持续经营能力，仅依赖于与主业无关的贸易或者不具备商业实质的关联交易收入的上市公司，可能会被退市。笔者在此要提醒投资者重视科创板的退市风险。

第三节
注册制有哪些特点

“注册制”是指证券发行审核机构只对注册文件进行“形式审查”，不进行“实质审核”。证券发行注册的目的是向投资者提供据以判断证券实质要件的形式资料，以便投资者做出投资决定，证券注册并不能成为投资者免受损失的保护伞。

现阶段在主板市场实行的“核准制”是指发行人在发行股票时，不仅要充分公开企业的真实状况，而且必须符合有关法律和证券管理机关规定的必备条件，还要对发行人是否符合发行条件进行“实质审核”。

注册制有利于市场发挥三大功能。曾任中国证监会主席的尚福林多次表示，要推进新股发行制度改革，逐步推动股票发行由核准制向注册制转变。新股发行体制改革的初衷和最终目标，均在于更好地发挥资本市场“价格发现、融资、资源配置”三大基础功能，对于证券发行定价、交易干预过多，不利于价格发现功能的实现；发行节奏由行政手段控制，不利于融资功能的实现；上市门槛过高、审核过严，则不利于资源配置功能的实现。

注册制与核准制相比，发行人成本更低、上市效率更高、对社会资源耗费更少，资本市场可以快速实现资源配置功能。注册制最大的好处在于把发行风险交给了主承销商（券商公司），把合规要求的实现交给了中介机构（保荐机构、律师事务所、会计师事务所），把信息披露真实性的实现交给了发行人（上市公司）。

在周边已经成熟的交易市场中，美国和日本采用的是注册制，英国和法国采用的是核准制，德国则是采取注册制和核准制结合的制度。

下面简述香港股票发行的注册制。

上市有三层监管架构。一是香港特别行政区政府。包括财政司和财经事务及库务局，负责制定整体的发展方向和政策。二是联交所。联交所作为一线监管者，是上市申请人的主要联络平台，负责审批上市文件，确保香港市场公平、有序、透明。三是证监会。在发行和上市审核中，实行“双重存档制”，联交所起主导作用，证监会仅对公司的信息披露进行原则性的形式审核。所谓的“双重存档制”是指证券发行上市的申请人，须在向联交所提交申请书后一个营业日内，将副本交证监会存档。

联交所审核的重点在于申请材料是否符合《上市规则》和《中华人民共和国公司登记管理条例》（以下简称《公司条例》）的规定，旨在确保投资者对市场的信心，其背后的核心理念是保护所有股东的合法权益。联交所上市科下设IPO部门，实际承担预审职能；设立上市委员会，对发行上市申请行使决定权。

从审核实践看，联交所的发行上市审核标准可分为两部分内容：

第一部分是相对客观的上市条件，主要由上市科IPO部门审查。其主板市场主要可分为三类上市指标：一是单纯盈利指标；二是市值加收入指标；三是市值、收入、现金流指标。发行人只要符合其中一类指标要求，即可申请上市。总体来看，这三类指标反映了联交所对上市公司持续经营能力和业务规模的要求。此外，联交所对发行人的公司治理和股权结构也设有一定标准。

第二部分是相对主观的上市适当性要求，主要由上市委员会判断。联交所上市规则未明确规定上市适当性，但通过发布常见问题和上市决策给出政策性的指引。

总之，供需平衡是香港市场可以按照市场化原则运行的基础。香港市场不存在排队上市的情况。香港市场以机构为主，散户占25%左右。总体上看，发行价格和发行节奏主要由投资者、市场主体之间去博弈，由市场供需关系来决定，监管者不进行干预。

一、科创板的发行上市审核和注册程序规定

注册制试点下，上交所负责科创企业发行上市审核，中国证监会对股票发行进行注册。发行人申请首次公开发行股票并在科创板上市，应当按照中国证监会有关规定制作注册申请文件，由保荐人保荐并向上交所申报。上交所收到注册申请文件后，5个工作日内作出是否受理的决定。

上交所主要通过向发行人提出审核问询、发行人回答问题的方式开展审核工作，基于科创板定位，判断发行人是否符合发行条件、上市条件和信息披露要求（见图21）。上交所按照规定的条件和程序，作出同意或者不同意发行人股票公开发行并上市的审核意见。同意发行人股票公开发行并上市的，将审核意见、发行人注册申请文件及相关审核资料报送中国证监会履行发行注册程序。不同意发行人股票公开发行并上市的，作出终止发行上市审核决定。

中国证监会收到上交所报送的审核意见、发行人注册申请文件及相关审核资料后，履行发行注册程序。发行注册主要关注上交所发行上市审核内容有无遗漏，审核程序是否符合规定，以及发行人在发行条件和信息披露要求的重大方面是否符合相关规定。中国证监会认为存在需要进一步说明或者落实事项的，可以要求上交所进一步问询。中国证监会在20个工作日内对发行人的注册申请作出同意注册或者不予注册的决定（见图22）。

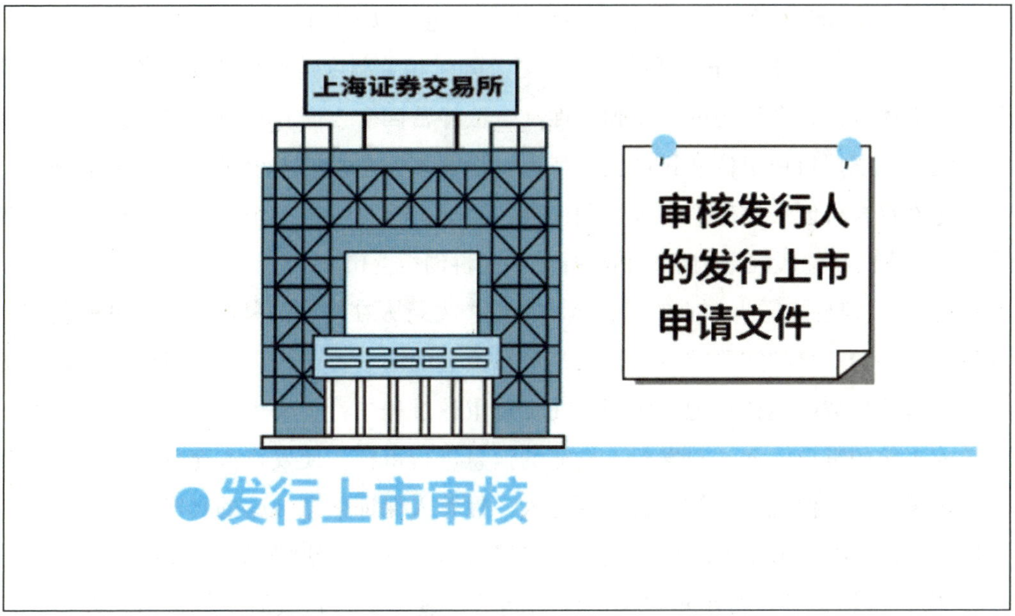

图21

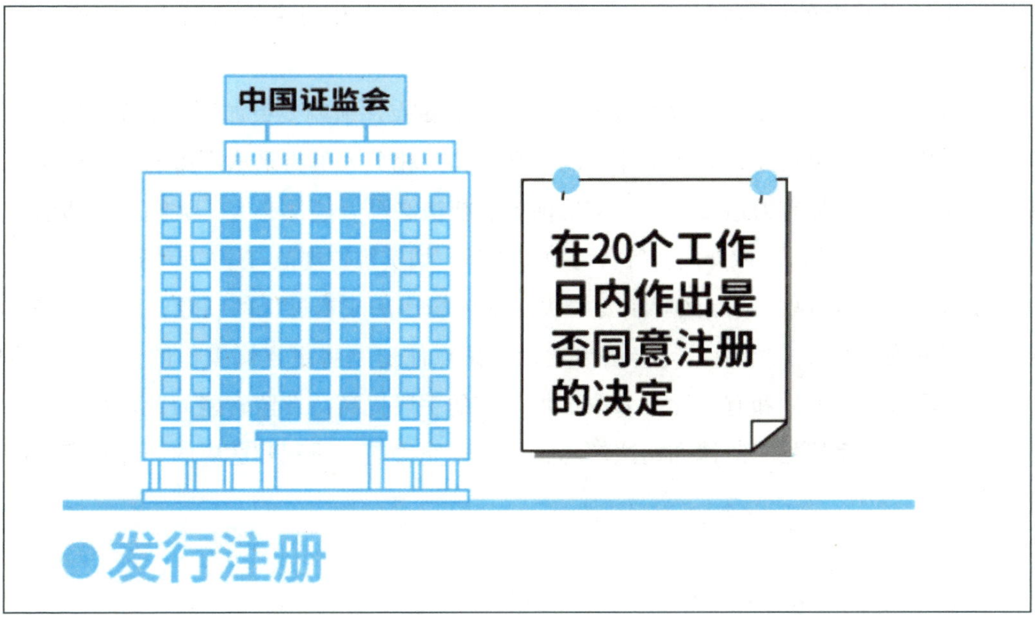

图22

二、在科创板试点的注册制与目前实行的股票发行上市的核准制的差异

在科创板实施注册制改革坚持市场化方向，秉承以信息披露为中心的监管理念，强化发行人和中介机构的责任，通过配套机制的安排，努力维护市场稳定。

具体来看，相较于核准制，注册制的区别主要包括以下方面：

1. 上市条件、审核标准等更优化，且更公开。相关制度对科创板发行条件进行了精简优化，从主体资格、会计与内控、独立性、合法经营四个方面，对科创板首次公开发行条件做了规定。根据板块定位和科创企业特点，设置多元包容的上市条件，畅通市场的“进口”。允许符合科创板定位但尚未盈利或存在累计未弥补亏损的企业在科创板上市，允许符合相关要求的特殊股权结构企业和红筹企业在科创板上市。

2. 实行以信息披露为中心的发行审核制度。发行人在符合最基本发行条件的基础上还必须符合严格的信息披露要求，发行人是信息披露的第一责任人，中介机构应勤勉尽责，切实发挥对信息披露的核查把关作用。在发行审核过程中，主要审核工作放在上交所。通过一轮或多轮的审核问询，对发行人披露的信息进行审核，使发行人充分披露与投资者投资决策相关的重要信息，并借此督促发行人、保荐人保证信息披露的真实、准确、完整，努力让“问题公司”或者公司重大问题无所遁形，防范和震慑欺诈发行行为。

3. 实行市场化的发行承销机制。注册制试点过程中，新股的发行价格、规模、发行节奏都要通过市场化方式决定，这和现在的核准制有重大的区别。同时，新股发行定价中发挥机构投资者的投研定价能力，建立机构投资者为参与主体的询价、定价、配售机制。

4. 强化中介机构责任。为了保护投资者利益，试点注册制要更加强化中介机构的尽职调查义务和核查把关责任，对违法违规的中介机构及相关人员将采取严厉的监管措施，对违法违规行为进行强有力追责，实行依法治市、执法必严、违法必究，大幅提高违法违规成本。对信息披露造假、欺诈发行等行为要出重拳，切实维护规范有序的市场环境。

5. 完善配套措施。试点注册制要解决资本市场违法成本过低的问题，建立良好的法治、市场和诚信环境，特别是完善法治建设。试点注册制将更强调工作的系统性、协同性，增强监管的全面性和有效性，采取更加丰富的手段提高持续监管能力，加强司法与执法的衔接，推动完善相关法律和司法解释，并探索完善与注册制相适应的证券民事诉讼法律制度。

三、科创板股票的发行上市审核需遵循的原则

上交所对科创板股票的发行上市审核遵循依法合规、公开透明、便捷高效的原则（见图23），提高审核透明度，明确市场预期。

图23

四、科创板股票的发行上市审核方式

上交所对科创板股票的发行上市审核实行电子化审核，申请、受理、问询、回复等事项通过上交所发行上市审核业务系统办理。具体的审核方式见图24～图28。

在审核的具体方式上，通过提出问题、回答问题等多种方式，督促发行人及其保荐人、证券服务机构完善信息披露，真实、准确、完整地披露信息，提高信息披露质量。

上交所提高审核工作透明度，接受社会监督，并满足依法向社会公开相关信息的需求。

图24

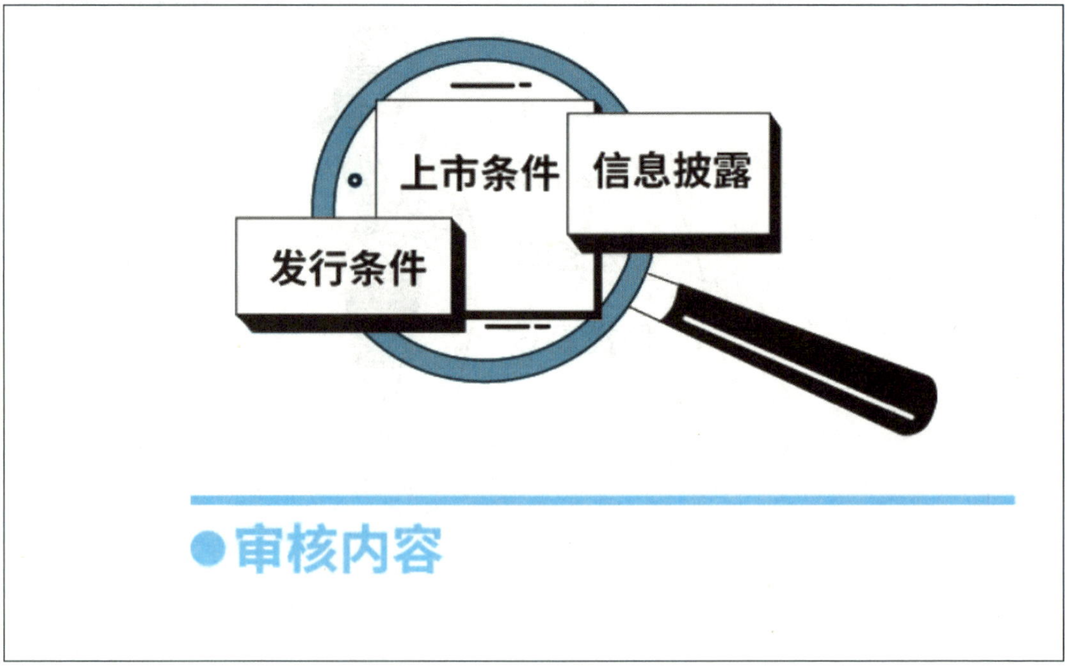
上市条件
信息披露
发行条件
审核内容

图25

审核时限
● 上交所:自受理申请文件之日起3个月
● 发行人及中介机构:回复审核问询的时间总计不超过3个月

图26

充分、一致
可理解
真实
准确
完整
符合招股说明
书内容与格式
准则
信息披露审核重点关注

图27

上交所发行
上市审核机构
上交所科创板股票
上市委员会
审核机构

图28

五、上交所在对科创板发行人的信息披露审核过程中重点关注的内容

上交所在信息披露审核中，重点关注以下几个方面内容：

1. 重点关注发行人的信息披露是否达到真实、准确、完整的要求，是否符合招股说明书内容与格式准则的要求；

2. 重点关注发行上市申请文件及信息披露内容是否包含对投资者作出投资决策有重大影响的信息，披露程度是否达到投资者作出投资决策所必需的水平；

3. 重点关注发行上市申请文件及信息披露内容是否一致、合理和具有内在逻辑性；

4. 重点关注发行上市申请文件披露的内容是否简明易懂，是否便于一般投资者阅读和理解。

笔者寄语

注册制在科创板试点在即，创新退市方式即将放开，更是倒逼严格的监管以及相应的退市机制及时完善，以保证注册制的顺利推出与运行，促进资本市场运转效率的提升。将聚焦提升上市公司质量，严格执行退市制度，努力培育形成优胜劣汰的市场生态，同时也让市场更市场化。

第二章

关于投资准备：入市前读懂游戏规则

本章要点

笔者对官方信息和细节进行详细讲解，快速引领投资者学习投资入门交易技巧，带投资者走近科创板。

第一节
入市方式

读完第一章：“理解科创板的概念和意义”后，相信有很多投资者想进一步了解如何参与科创板投资交易。那么在本章中我们一起了解一下科创板的投资者适当性制度安排。

一、投资者参与科创板股票交易，应当符合哪些适当性管理的条件

根据《上海证券交易所科创板股票交易特别规定》（以下简称《特别规定》），科创板的股票交易实行投资者适当性管理制度。机构投资者参与科创板股票交易，应当符合法律法规及上交所业务规则的规定。

个人投资者参与科创板股票交易，应当符合的条件包括：

1. 申请权限开通前20个交易日证券账户及资金账户内的资产日均不低于人民币50万元（不包括该投资者通过融资融券融入的资金和证券）；

2. 参与证券交易24个月以上；

3. 上交所规定的其他条件；

4. 上交所可根据市场情况对上述条件作出调整。

在这里要特别提示投资者注意的是，不符合适当性管理要求的个人投资者，可以通过公募基金等方式参与科创板投资。

二、科创板投资者适当性条件中的证券账户及资金账户内的资产认定标准

关于证券账户及资金账户内资产，其具体认定标准如下：

1. 可用于计算个人投资者资产的证券账户，应为中国证券登记结算有限责任公司开立的证券账户，以及投资者在证券公司开立的账户。中国证券登记结算有限责任公司开立的账户包括A股账户、B股账户、封闭式基金账户、开放式基金账户、衍生品合约账户及中国证券登记结算有限责任公司根据业务需要设立的其他证券账户。可用于计算投资者资产的资金账户，包括客户交易结算资金账户、股票期权保证金账户等。

2. 中国证券登记结算有限责任公司开立的证券账户内的下列资产可计入投资者资产：股票（包括A股、B股、优先股、通过港股通买入的港股和股转系统挂牌股票）；公募基金份额；债券；资产支持证券；资产管理计划份额；股票期权合约，其中权利仓合约按照结算价计增资产，义务仓合约按照结算价计减资产；上交所认定的其他证券资产。

3. 投资者在证券公司开立的账户的下列资产可计入投资者资产：公募基金份额、私募基金份额、银行理财产品、贵金属资产等。

4. 资金账户内的下列资产可计入投资者资产：客户交易结算资金账户内的交易结算资金；股票期权保证金账户内的交易结算资金，包括义务仓对应的保证金；上交所认定的其他资金资产。

5. 计算各类融资类业务相关资产时，应按照净资产计算，不包括融入的证券和资金。

三、在科创板适当性管理条件中，投资者参与证券交易的经验认定标准

关于参与证券交易经验的认定，其具体认定标准如下：

个人投资者参与A股、B股和股转系统挂牌股票交易的，均可计入其参与证券交易的时间。相关交易经历自投资者本人一码通下任一证券账户在上海证券交易所、深圳证券交易所及股转系统发生首次交易起算。首次交易日期可通过证券公司向中国结算查询。

四、符合适当性管理相关条件的个人投资者是否可以直接参与科创板股票交易

直接参与科创板股票交易的个人投资者不仅应符合上交所规定的适当性条件等要求，还应当通过证券公司组织的科创板股票投资者适当性综合评估。

证券公司应当对投资者是否符合科创板股票投资者适当性条件进行核查，并对个人投资者的资产状况、投资经验、知识水平、风险承受能力和诚信状况等进行综合评估。

证券公司应当重点评估个人投资者是否了解科创板股票交易的业务规则与流程，以及是否充分知晓科创板股票投资风险。

提醒投资者注意的是，符合科创板股票适当性条件的投资者仅需向其委托的证券公司申请，在已有沪市A股证券账户上开通科创板股票交易权限即可，无须在中国证券登记结算有限责任公司开立新的证券账户。机构会员也无须向上交所申请办理其他手续。

五、个人投资者通过适当性综合评估之后，证券公司如何对其进行后续评估

证券公司应当动态跟踪和持续了解个人投资者参与科创板股票交易的情况，至少每2年

进行一次风险承受能力的后续评估。

六、在参与科创板股票交易前，投资者应了解的事项

投资者应当充分知悉和了解科创板股票交易风险事项、境内法律和上交所业务规则，结合自身风险认知和承受能力，审慎判断是否参与科创板股票交易。

根据《特别规定》，投资者在首次委托买入科创板股票前，还应当以纸质或电子形式签署《科创板股票交易风险揭示书》（以下简称《风险揭示书》）。未签署《风险揭示书》的，证券公司将不接受投资者的申购或者买入委托。

笔者寄语

需要提醒投资者注意的是，《风险揭示书》的揭示事项仅为列举性质，未能详尽列明科创板股票交易的所有风险，投资者在参与交易前，应当认真阅读有关法律法规和交易所业务规则等相关规定，对其他可能存在的风险因素也应当有所了解和掌握，并确信自己已做好足够的风险评估与财务安排，避免因参与科创板股票交易遭受难以承受的损失。

特别是对于本书第三章中讲到的所有潜在风险，请务必认真学习，增加相关知识。

第二节
交易制度

在本节中笔者将分四方面阐述科创板的交易制度、科创板股票及存托凭证交易事项、科创板新股申购制度和大股东限售与减持制度。请投资者认真理解，以免在交易中出现误差。

【科创板的交易制度】

一、投资者参与科创板股票交易的方式

根据《特别规定》，投资者可以通过盘中竞价交易、盘后固定价格交易和大宗交易参与科创板股票交易（见图29）。

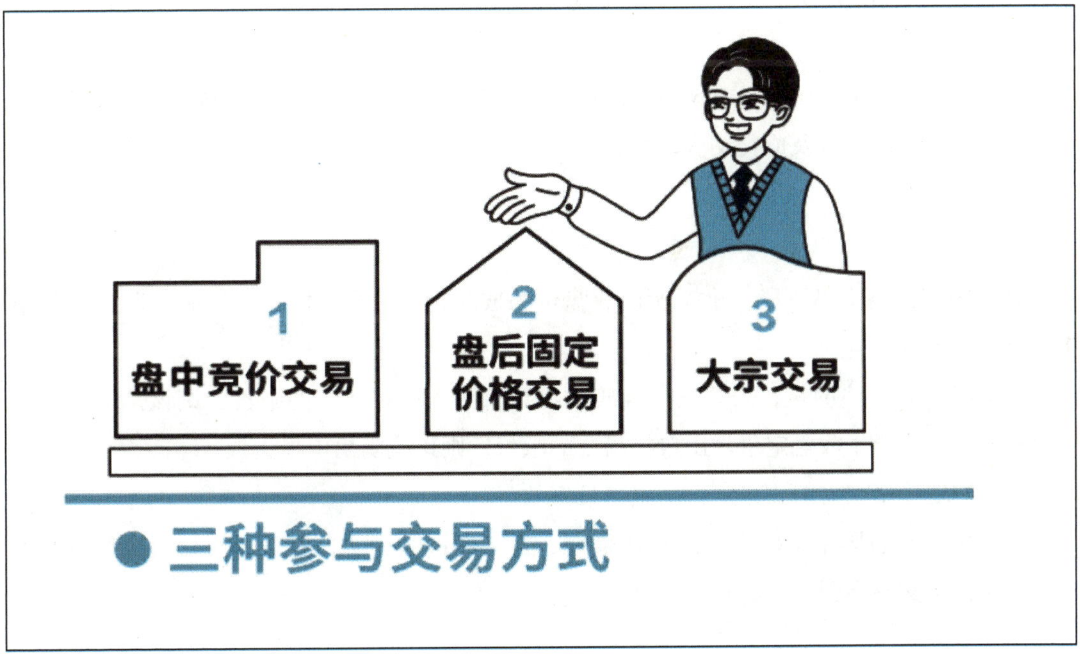

图29

除盘中竞价交易外，与主板不同的是，科创板新引入了盘后固定价格交易方式。“盘后固定价格交易”是指在收盘集合竞价结束后，交易所交易系统按照时间优先顺序对收盘定价申报进行撮合，并以当日收盘价成交的交易方式。

投资者需关注科创板股票交易的三种不同交易方式的交易时间、申报要求、成交原则等存在的差异。

二、盘后固定价格交易的交易时间和申报时间规定

盘后固定价格交易时间是每个交易日的15：05—15：30，当日15：00仍处于停牌状态的股票不进行盘后固定价格交易。

交易所接受交易参与人收盘定价申报的时间为每个交易日的9：30—11：30、13：00—15：30。接受申报的时间内，未成交的申报可以撤销，撤销指令经交易所交易主机确认方为有效。

提醒投资者注意的是，开市期间停牌的科创板股票，停牌期间可以继续申报。停牌当日复牌的，已接受的申报参加当日该股票复牌后的盘后固定价格交易。当日15：00仍处于停牌状态的，交易所交易主机后续不再接受收盘定价申报，当日已接受的收盘定价申报无效。

三、投资者如何参与盘后固定价格交易

投资者通过盘后固定价格交易科创板股票的，应当向证券公司提交收盘定价委托指令。收盘定价委托指令应当包括证券账户号码、证券代码、买卖方向、限价、委托数量等内容。

每个交易日的9：30—15：05，收盘定价申报不纳入即时行情；15：05—15：30盘后固定价格交易阶段的申报及成交纳入即时行情。

四、盘后固定价格交易的成交原则

盘后固定价格交易阶段，上交所以收盘价为成交价、按照时间优先原则对收盘定价申报进行逐笔连续撮合。

需要投资者关注的是，若收盘价高于收盘定价买入申报指令的限价，则该笔买入申报无效；若收盘价低于收盘定价卖出申报指令的限价，则该笔卖出申报无效。

盘后固定价格交易的收盘定价申报当日有效。

更多关于盘后固定价格交易的具体事宜，投资者可通过《上海证券交易所科创板股票盘后固定价格交易指引》了解相关信息。

五、科创板股票交易的涨跌幅比例规定、与上交所主板股票交易的涨跌幅的差异

提示投资者注意，上交所对科创板股票竞价交易实行价格涨跌幅限制，涨跌幅比例为20%。

与此同时，首次公开发行上市的股票，上市后的前5个交易日不设价格涨跌幅限制（见图30）。

图30

六、科创板股票交易的单笔申报数量规定

不同于沪市主板A股交易，投资者通过“限价”申报买卖科创板股票的，单笔申报数量应当不小于200股，且不超过10万股。投资者通过“市价”申报买卖的，单笔申报数量应当不小于200股，且不超过5万股（见图31）。

申报买入时，单笔申报数量应当不小于200股，超过200股的部分，可以以1股为单位递增，如201股、202股等。

申报卖出时，单笔申报数量应当不小于200股，超过200股的部分，可以以1股为单位递增。余额不足200股时，应当一次性申报卖出，如199股需一次性申报卖出。两种新增的市价申报方式见图32。

图31

图32

七、关于科创板股票作为融资融券标的的特殊规定

与上交所主板市场不同的是，科创板股票自上市首日起可作为融资融券标的，投资者应注意相关风险。

证券公司可以按规定借入科创板股票，具体事宜由上交所另行规定。

八、投资者如何了解科创板股票交易的异常波动情形

科创板股票竞价交易出现下列异常波动情形之一的，上交所会公告该股票交易异常波动期间累计买入、卖出金额最大的5家证券公司营业部的名称及其买入、卖出金额：

1. 连续3个交易日内，日收盘价格涨跌幅偏离值累计达到±30%的股票，收盘价格涨跌幅偏离值为单只股票涨跌幅与对应基准指数涨跌幅之差，基准指数由上交所向市场报告；

2. 中国证监会或上交所认定属于异常波动的其他情形。

投资者需注意到，一方面，异常波动指标自公告之日起重新计算；另一方面，无价格涨跌幅限制的股票不纳入异常波动指标的计算。上交所可以根据市场情况，调整异常波动的认定标准。

九、投资者参与科创板股票交易，交易行为应符合哪些合规要求

投资者应当按照上交所相关规定，审慎开展股票交易，不得滥用资金、持股等优势进行集中交易，影响股票交易价格正常形成机制。

可能对市场秩序造成重大影响的大额交易，投资者应当选择适当的交易方式，根据市场情况分散进行。

十、买卖科创板股票，申报价格应当符合价格涨跌幅限制相关规定及本细则要求，否则为无效申报

买卖科创板股票，在连续竞价阶段的限价申报，应当符合下列要求：

1. 买入申报价格不得高于买入基准价格的102%；

2. 卖出申报价格不得低于卖出基准价格的98%。

【科创板股票及存托凭证交易事项】

为规范科创板股票及存托凭证交易行为，维护证券市场秩序，保护投资者合法权益，根据《上海证券交易所科创板股票交易特别规定》等业务规则，上海证券交易所现就相关事项通知如下：

一、除现有证券简称外，科创板股票及存托凭证应同时提供扩位证券简称

扩位证券简称不少于4个汉字（6个字符），且不超过8个汉字（16个字符）。

发行人应在上市公告书中披露现有证券简称和扩位证券简称。扩位证券简称在本所行情信息的产品信息文件及本所网站相关内容中展示，会员单位、行情商及其他市场机构可根据实际需要增加展示。本所上市公司公告等信息披露文件仍以现有证券简称为准。

二、本所对在科创板上市时尚未盈利及具有表决权差异安排的发行人的股票或存托凭证作出相应标识

1. 发行人尚未盈利的，其股票或存托凭证的特别标识为“U”；发行人首次实现盈利的，该特别标识取消。

2. 发行人具有表决权差异安排的，其股票或存托凭证的特别标识为“W”；上市后不再具有表决权差异安排的，该特别标识取消。

“U”“W”特别标识在本所行情信息的产品信息文件中显示，并在本所网站展示。

三、科创板股票自上市首日起可作为融资买入及融券卖出标的证券，本所于每个交易日开市前公布当日科创板融资融券标的证券名单

科创板股票调出融资融券标的证券名单的相关安排按照《上海证券交易所融资融券交易实施细则》的相关规定执行。

科创板存托凭证开展融资融券业务的相关安排参照科创板股票有关规定执行。

四、战略投资者配售获得的科创板股票、存托凭证，在承诺持有期内可以按规定参与转融通证券出借

五、本所于每个交易日收市后公布科创板限售流通股票及存托凭证数量和无限售流通股票及存托凭证数量、战略配售股票及存托凭证可出借数量和已出借且尚未归还的数量

【科创板新股申购制度】

一、个人投资者参与科创板股票网上申购时，如何计算所持有的市值

投资者参与科创板网上申购需满足以下几方面条件：

1. 符合科创板投资者适当性条件，且已开通科创板股票交易权限。

2. 符合关于持有市值的要求，即持有上海市场非限售A股股份和非限售存托凭证总市值在1万元以上（含1万元）。关于投资者持有市值的计算，按照《上海市场首次公开发行股票网上发行实施细则（2018年修订）》（以下简称《实施细则》），以投资者为单位，按其T－2日（T日为发行公告确定的网上申购日，下同）前20个交易日（含T－2日）的日均持有市值计算；投资者持有多个证券账户的，多个证券账户的市值合并计算。

3. 不合格、休眠、注销证券账户不计算市值。

二、如何根据持有市值计算网上投资者的可申购额度

根据《上海证券交易所科创板股票发行与承销实施办法》（以下简称《实施办法》），网上投资者根据其持有的市值确定网上可申购额度，每5000元市值可申购一个申购单位，不足5000元的部分不计入申购额度。同时，每一个新股申购单位为500股，申购数量应当为500股或其整数倍，但最高申购数量不得超过当次网上初始发行数量的千分之一，且不得超过9999.95万股，如超过则该笔申购无效。具体市场化发行承销制度见图33。

图33

三、网上投资者是否可以通过多个证券账户参与科创板股票网上申购

根据《实施办法》和《实施细则》的规定，在申购时间内，网上投资者按照委托买入股票的方式，以发行价格填写委托单进行申购。一经申报，不得撤单。同时，投资者只能使用一个证券账户参与网上公开发行股票的申购。如果同一投资者使用了多个证券账户参与同一只科创板新股的申购，或者投资者使用同一证券账户多次参与了同一只科创板新股申购，那么，以该投资者的第一笔申购为有效申购，其余申购均为无效申购。

四、网上投资者参与科创板新股申购，在提交申购委托时，是否需要缴纳申购资金

根据《证券发行与承销管理办法》和《实施办法》《实施细则》的规定，网上投资者在提交科创板新股网上申购委托时无须缴付申购资金。在申购新股中签后，投资者应依据中签结果履行资金交收义务，确保其资金账户在T+2日日终有足额的新股认购资金。

五、投资者认购资金不足怎么办

新股中签后认购资金不足部分视为放弃认购，由此产生的后果及相关法律责任，由投资者自行承担。投资者连续12个月内累计出现3次中签但未足额缴款的情形时，自结算参与人最近一次申报其放弃认购的次日起6个月（按180个自然日计算/含次日）内不得参与新股、存托凭证、可转换公司债券、可交换公司债券网上申购。

六、哪些投资者可以参与科创板股票网下申购

根据《科创板首次公开发行股票注册管理办法（试行）》和《实施办法》，参与科创板股票网下申购的投资者为参与网下询价并提供有效报价的网下投资者，也就是参与首次公开发行股票询价定价的证券公司、基金管理公司、信托公司、财务公司、保险公司、合格境外机构投资者和私募基金管理人等专业机构投资者。

【大股东限售与减持制度】

1. 上市公司股份的限售与减持，适用本规则；本规则未规定的，适用《上海证券交易所上市公司股东及董事、监事、高级管理人员减持股份实施细则》（以下简称《减持细则》）、《上海证券交易所上市公司创业投资基金股东减持股份实施细则》及上交所其他

有关规定。

上市公司股东可以通过非公开转让、配售方式转让首发前股份，转让的方式、程序、价格、比例及后续转让等事项，以及上市公司非公开发行股份涉及的减持由上交所另行规定，报中国证监会批准后实施。

2. 公司股东持有的首发前股份，可以在公司上市前托管在为公司提供首次公开发行上市保荐服务的保荐机构，并由保荐机构按照本所业务规则的规定，对股东减持首发前股份的交易委托进行监督管理。

3. 公司上市时未盈利的，在公司实现盈利前，控股股东、实际控制人自公司股票上市之日起3个完整会计年度内，不得减持首发前股份；自公司股票上市之日起第4个会计年度和第5个会计年度内，每年减持的首发前股份不得超过公司股份总数的2%，并应当符合《减持细则》关于减持股份的相关规定。

公司上市时未盈利的，在公司实现盈利前，董事、监事、高级管理人员及核心技术人员自公司股票上市之日起3个完整会计年度内，不得减持首发前股份；在前述期间内离职的，应当继续遵守本款规定。

公司实现盈利后，前两款规定的股东可以自当年年度报告披露后次日起减持首发前股份，但应当遵守本节其他规定。

4. 上市公司控股股东、实际控制人减持本公司首发前股份的，应当遵守下列规定：

（1）自公司股票上市之日起36个月内，不得转让或者委托他人管理其直接和间接持有的首发前股份，也不得提议由上市公司回购该部分股份；

（2）法律法规、本规则以及本所业务规则对控股股东、实际控制人股份转让的其他规定。

发行人向本所申请其股票首次公开发行并上市时，控股股东、实际控制人应当承诺遵守前款规定。

转让双方存在控制关系或者受同一实际控制人控制的，自发行人股票上市之日起12个月后，可豁免遵守本条第一款规定。

5. 上市公司核心技术人员减持本公司首发前股份的，应当遵守下列规定：

（1）自公司股票上市之日起12个月内和离职后6个月内不得转让本公司首发前股份；

（2）自所持首发前股份限售期满之日起4年内，每年转让的首发前股份不得超过上市时所持公司首发前股份总数的25%，减持比例可以累积使用；

（3）法律法规、本规则以及本所业务规则对核心技术人员股份转让的其他规定。

6. 上市公司控股股东、实际控制人在限售期满后减持首发前股份的，应当明确并披露公司的控制权安排，保证上市公司持续稳定经营。

7. 上市公司存在重大违法情形[①]，触及退市标准的，自相关行政处罚决定或者司法裁判作出之日起至公司股票终止上市前，控股股东、实际控制人、董事、监事、高级管理人员不得减持公司股份。

8. 上市公司控股股东、实际控制人减持股份，依照《减持细则》披露减持计划的，还应当在减持计划中披露上市公司是否存在重大负面事项、重大风险、控股股东或者实际控制人认为应当说明的事项以及本所要求披露的其他内容。

9. 上市公司股东所持股份应当与其一致行动人所持股份合并计算。一致行动人的认定适用《上市公司收购管理办法》的规定。

上市公司第一大股东应当参照适用本节关于控股股东的规定。发行人的高级管理人员与核心员工设立的专项资产管理计划，通过集中竞价、大宗交易等方式在二级市场减持参与战略配售获配股份的，应当按照本规则关于上市公司股东减持首发前股份的规定履行相应信息披露义务。

笔者寄语

前面讲到科创板的交易与申购，但前提必须符合本章第一节“入市方式”：投资者参与科创板股票交易，应当使用沪市A股证券账户。符合科创板股票适当性条件的投资者仅需向其委托的证券公司申请，在已有沪市A股证券账户上开通科创板股票交易权限即可，无须在中国结算开立新的证券账户。另外笔者认为，在科创板推出一两年后，当市场健康成熟时，不排除再推出T+0的交易制度。

① 详见《上海证券交易所科创板股票上市规则》第十二章第二节。

第三节
信息披露

笔者在本节主要讲述投资交易关于科创股的信息披露形式与细节，投资者务必要认真理解，以防在交易中踏中“地雷”。

【信息披露相关细节】

一、参与科创板股票交易，投资者需关注哪些交易方面的特殊规定

科创板企业业务模式较新、业绩波动可能性较大、不确定性较高，为防止市场过度投机炒作、保障流动性，科创板交易制度引入适当放宽涨跌幅限制、调整单笔申报数量、上市首日开放融资融券业务和引入盘后固定价格交易等差异化机制安排。

二、投资者如何查询科创板上市公司信息披露的文件

与沪市主板一样，科创板上市公司应当通过上交所上市公司信息披露电子化系统登记公告；相关信息披露义务人应当通过上市公司或者上交所指定的信息披露平台办理公告登记。

同时，上市公司和相关信息披露义务人应当在上交所网站和中国证监会指定媒体上披露信息披露文件，并保证披露的信息与登记的公告内容一致。未能按照登记内容披露的，应当立即向上交所报告并及时更正。投资者可以及时查阅，查阅页面见图34。

上海证券交易所 SHANGHAI STOCK EXCHANGE | 科创板股票发行上市审核

首页 公告通知 信息披露 项目动态 法律规则 监管措施 关于我们 业务办理

信息披露

披露类型： 全部 申报稿 上会稿 注册稿 问询与回复

序号	发行人	文件名称	披露日期
1	科大国盾量子技术股份有限公司	8-3律师补充法律意见书	2019-05-20
2	科大国盾量子技术股份有限公司	8-2会计师回复意见	2019-05-20
3	科大国盾量子技术股份有限公司	8-1发行人及保荐机构回复意见	2019-05-20
4	深圳光峰科技股份有限公司	8-3补充法律意见书（二）	2019-05-20
5	深圳光峰科技股份有限公司	8-2会计师关于第二轮审核问询函的回复	2019-05-20
6	深圳光峰科技股份有限公司	8-1发行人及保荐机构关于第二轮审核问询函的回复意见	2019-05-20
7	澜起科技股份有限公司	8-3律师补充法律意见书	2019-05-20

图34

三、关于科创板上市公司披露公告的语言规定

《上市规则》规定，公告文稿应当采用中文文本，同时采用外文文本的，应当保证两种文本内容的一致。两种文本不一致的，以中文文本为准。信息披露内容应当简明易懂，语言应当浅白平实，以便投资者阅读、理解。

四、科创板上市公司和相关信息披露义务人应如何履行信息披露义务

科创板上市公司和信息披露义务人应当及时、公平地披露所有可能对证券交易价格或者对投资决策有较大影响的事项，保证所披露信息的真实、准确、完整，不存在虚假记载、误导性陈述或者重大遗漏，并且信息披露文件应当材料齐备，格式符合规定要求。

同时，科创公司应当结合所属行业特点，充分披露行业的经营信息，以及可能对公司核心竞争力、经营活动和未来发展产生重大不利影响的风险因素。

五、投资者可以通过哪些渠道阅读科创板上市公司信息披露的相关文件

投资者可以在证监会指定的媒体上（科创板股票发行上市审核网址：http://kcb.sse.com.cn/）或证券官网了解科创板上市公司的信息披露相关文件。上市公司和相关信息披露义务人不得以新闻发布或者答记者问等其他形式代替信息披露或泄露未公开重大信息，所以投资者不要随意轻信外面的各种小道消息，一切信息以官方为准。

上市公司和相关信息披露义务人确有需要的，可以在非交易时段通过新闻发布会、媒

体专访、公司网站、网络自媒体等方式对外发布应披露的信息，但公司应当于下一交易时段开始前披露相关公告。

六、科创板上市公司筹划重大事项，持续时间较长时，投资者的知情权如何得到保障

上市公司筹划重大事项，持续时间较长的，应当按照重大性原则，分阶段披露进展情况，及时提示相关风险，不得仅以相关事项结果尚不确定为由不予披露。投资者应当及时关注上市公司披露的信息，做出合理投资决策。

七、投资者在参与科创板股票交易时，其参与权和表决权如何得到保障

整体上来讲，《上市规则》规定，上市公司应当在如下方面保障投资者的参与权和表决权：

1. 在公司章程中规定股东大会的召集、召开和表决等程序，制定股东大会议事规则，并列入公司章程或者作为章程附件；

2. 上市公司应当依据法律法规和公司章程召开股东大会，保证股东依法行使权利。规定期限内不能召开股东大会的，应当在期限届满前披露原因及后续方案。同时，采用网络投票、累积投票、征集投票等方式，保障股东参与权和表决权；

3. 对于股东书面提议召开股东大会的，公司董事会应当在规定期限内书面反馈是否同意召开股东大会，不得无故拖延。股东依法自行召集股东大会的，公司董事会和董事会秘书应当予以配合，并及时履行信息披露义务。同时，上市公司应当依据法律法规、公司章程，发出股东大会通知，及时披露股东决策所需的其他资料。

八、关于科创板上市公司的股东回报政策，是如何规定的

《上市规则》规定，上市公司应当积极回报股东，根据自身条件和发展阶段，制定并执行现金分红、股份回购等股东回报政策。

上市公司明显具备条件但未进行现金分红的，上交所可以要求董事会、控股股东及实际控制人通过投资者说明会、公告等形式向投资者说明原因。

九、关于科创板上市公司财务指标异常的情况，投资者是否可以从保荐机构出具的报告中了解相关信息

首次公开发行股票并在科创板上市的，保荐机构的持续督导期间为股票上市当年剩余时间以及其后3个完整会计年度。在持续督导期间，保荐机构应当在持续督导跟踪报告显著

位置就上市公司是否存在重大风险发表结论性意见。投资者可以从保荐机构出具的报告中了解相关信息。

十、关于科创板上市公司股东质押股份的信息，投资者可以了解哪些内容

《上市规则》规定，科创板上市公司控股股东及其一致行动人质押股份出现如下情形的，应披露以下信息：

1. 质押股份占其所持股份的比例达到50%以上，以及之后质押股份的，应当及时通知公司，并披露本次质押股份数量、累计质押股份数量以及占其所持公司股份的比例、质押期限、质押融资款项的最终用途及资金偿还安排等信息；

2. 质押股份占其所持股份的比例达到50%以上，且出现债务逾期或其他资信恶化情形的，应当披露债务逾期金额、是否存在平仓风险以及可能被平仓的股份数量和比例等信息。

此外，上市公司持股5%以上股东质押股份，应当在2个交易日内通知上市公司，并披露本次质押股份数量、累计质押股份数量及占公司总股本比例。

十一、科创板上市公司控股股东出现质押平仓风险的，投资者如何了解相关信息

科创板上市公司控股股东及其一致行动人出现质押平仓风险的，应当及时通知上市公司，披露是否可能导致公司控制权发生变更、拟采取的措施，并充分提示风险。对于控股股东及其一致行动人质押股份被强制平仓或平仓风险解除的，应当持续披露进展，保证投资者及时了解相关信息。

十二、上交所如何对科创板上市公司的信息披露实施监管

《上市规则》规定，上交所通过审阅信息披露文件、提出问询等方式，进行信息披露事中事后监管，督促信息披露义务人履行信息披露义务，督促保荐机构、证券服务机构履行职责。信息披露涉及重大复杂、无先例事项的，上交所可以实施事前审核。

【科创板股票异常交易实时监控细则】

科创板上市初期供不应求的情况可能比较突出，初期已有250万人开通了科创板交易权限，而上市初期标的股票数量可能比较有限。为防止股价大幅波动，科创板交易机制实施

监控和临停的安排。

一、科创板股票竞价交易出现下列情形之一的，属于盘中异常波动，上交所实施盘中临时停牌

1. 无价格涨跌幅限制的股票盘中交易价格较当日开盘价格首次上涨或下跌达到或超过30%的；

2. 无价格涨跌幅限制的股票盘中交易价格较当日开盘价格首次上涨或下跌达到或超过60%的；

3. 中国证监会或者上交所认定属于盘中异常波动的其他情形。

二、根据前条规定实施盘中临时停牌的，按照下列规定执行

1. 单次盘中临时停牌的持续时间为10分钟；

2. 停牌时间跨越14：57的，于当日14：57复牌；

3. 盘中临时停牌期间，可以继续申报，也可以撤销申报，复牌时对已接受的申报实行集合竞价撮合。

实施盘中临时停牌后，将通过上交所官方网站（www.sse.com.cn）和卫星传输系统对外发布公告。具体停复牌时间，以上交所公告为准。

三、科创板股票竞价交易出现下列情形之一的，属于异常波动，上交所公告该股票交易异常波动期间累计买入、卖出金额最大5家会员营业部的名称及其买入、卖出金额

1. 连续3个交易日内日收盘价格涨跌幅偏离值累计达到±30%；

2. 中国证监会或者上交所认定属于异常波动的其他情形。

异常波动指标自上交所公告之日起重新计算。

四、科创板股票竞价交易出现下列情形之一的，属于严重异常波动，上交所公告严重异常波动期间的投资者分类交易统计等信息

1. 连续10个交易日内3次出现前一条规定的同向异常波动情形；

2. 连续10个交易日内日收盘价格涨跌幅偏离值累计达到+100%（–50%）；

3. 连续30个交易日内日收盘价格涨跌幅偏离值累计达到+200%（–70%）；

4. 中国证监会或者上交所认定属于严重异常波动的其他情形。

科创板股票交易出现严重异常波动的多种情形的，上交所一并予以公告，严重异常波动指标自上交所公告之日起重新计算。

五、虚假申报，是指不以成交为目的，通过大量申报并撤销等行为，引诱、误导或者影响其他投资者正常交易决策的异常交易行为。开盘集合竞价阶段同时存在下列情形的，上交所对有关交易行为予以重点监控

1. 以偏离前收盘价5%以上的价格申报买入或者卖出；
2. 累计申报数量或者金额较大；
3. 累计申报数量占市场同方向申报总量的比例较高；
4. 累计撤销申报数量占累计申报数量的50%以上；
5. 以低于申报买入价格反向申报卖出或者以高于申报卖出价格反向申报买入；
6. 股票开盘集合竞价虚拟参考价涨（跌）幅5%以上。

六、连续竞价阶段多次同时存在下列情形且累计撤销申报数量占累计申报数量的50%以上的，上交所对有关交易行为予以重点监控

1. 最优5档内申报买入或卖出；
2. 单笔申报后，在实时最优5档内累计剩余有效申报数量或者金额巨大，且占市场同方向最优5档剩余有效申报总量的比例较高；
3. 申报后撤销申报。

七、连续竞价阶段，股票交易价格处于涨（跌）幅限制状态，同时存在下列情形2次以上的，上交所对有关交易行为予以重点监控

1. 单笔以涨（跌）幅限制价格申报后，在该价格剩余有效申报数量或者金额巨大，且占市场该价格剩余有效申报总量的比例较高；
2. 单笔撤销以涨（跌）幅限制价格的申报后，在涨（跌）幅限制价格的累计撤销申报数量占以该价格累计申报数量的50%以上。

八、拉抬打压股价，是指大笔申报、连续申报、密集申报或者明显偏离股票最新成交价的价格申报成交，期间股票交易价格明显上涨（下跌）的异常交易行为。在有价格涨跌幅限制股票的开盘集合竞价阶段，同时存在下列情形的，上交所对有关交易行为予以重点监控

1. 成交数量或者金额较大；
2. 成交数量占期间市场成交总量的比例较高；
3. 股票开盘价涨（跌）幅5%以上。

九、连续竞价阶段任意3分钟内同时存在下列情形的，上交所对有关交易行为予以重点监控

1. 买入成交价呈上升趋势或者卖出成交价呈下降趋势；
2. 成交数量或者金额较大；
3. 成交数量占成交期间市场成交总量的比例较高；
4. 股票涨（跌）幅4%以上。

十、收盘集合竞价阶段同时存在下列情形的，上交所对有关交易行为予以重点监控

1. 成交数量或者金额较大；
2. 成交数量占期间市场成交总量的比例较高；
3. 股票涨（跌）幅3%以上。

十一、维持涨（跌）幅限制价格，是指通过大笔申报、连续申报、密集申报，维持股票交易价格处于涨（跌）幅限制状态的异常交易行为。连续竞价阶段同时存在下列情形的，上交所对有关交易行为予以重点监控

1. 股票交易价格处于涨（跌）幅限制状态；
2. 单笔以涨（跌）幅限制价格申报后，在该价格剩余有效申报数量或者金额巨大，占市场该价格剩余有效申报总量的比例较高，且持续10分钟以上。

十二、收盘集合竞价阶段同时存在下列情形的，上交所对有关交易行为予以重点监控

1. 连续竞价结束时股票交易价格处于涨（跌）幅限制状态；

2. 连续竞价结束时和收盘集合竞价结束时，市场涨（跌）幅限制价格剩余有效申报数量或者金额巨大；

3. 收盘集合竞价结束时，收盘集合竞价阶段新增涨（跌）幅限制价格申报的剩余有效申报数量或者金额较大；

4. 收盘集合竞价结束时，涨（跌）幅限制价格剩余有效申报数量占市场该价格剩余有效申报总量的比例较高。

十三、自买自卖和互为对手方交易，是指在自己实际控制的账户之间或者关联账户之间大量进行股票交易，影响股票交易价格或者交易量的异常交易行为。股票交易同时存在下列情形的，上交所对有关交易行为予以重点监控

1. 在自己实际控制的账户之间频繁、大量交易；

2. 成交数量占股票全天累计成交总量的10%以上或者收盘集合竞价阶段成交数量占期间市场成交总量的30%以上；

3. 两个或者两个以上涉嫌关联的证券账户之间互为对手方进行频繁、大量交易；

4. 成交数量占股票全天累计成交总量的10%以上或者收盘集合竞价阶段成交数量占期间市场成交总量的30%以上。

十四、严重异常波动股票申报速率异常

严重异常波动是指违背审慎交易原则，在股票交易出现严重异常波动情形后的10个交易日内，利用资金优势、持股优势，在短时间内集中申报加剧股价异常波动的异常交易行为。

股票交易出现严重异常波动情形后10个交易日内，连续竞价阶段1分钟内单向申报买入（卖出）单只严重异常波动股票金额超过1000万元的，上交所对有关交易行为予以重点监控。

十五、投资者在科创板股票交易中实施异常交易行为的，上交所可对其实施以下监管措施或者纪律处分

1. 口头警示；

2. 书面警示；

3．将账户列为重点监控账户；

4．要求投资者提交合规交易承诺书；

5．暂停投资者账户交易；

6．限制投资者账户交易；

7．认定为不合格投资者；

8．上交所规定的其他监管措施或者纪律处分。

上交所对投资者采取监管措施或者给予纪律处分的，按照《交易规则》《特别规定》《上海证券交易所纪律处分和监管措施实施办法》等规定执行。

十六、投资者实施异常交易行为具有下列情形之一的，上交所从重实施监管措施或者纪律处分

1．在一定时间内反复、连续实施异常交易行为；

2．对严重异常波动股票实施异常交易行为；

3．实施异常交易行为的同时存在反向交易；

4．实施异常交易行为涉嫌市场操纵；

5．因异常交易行为受到过上交所纪律处分，或者因内幕交易、市场操纵等证券违法行为受到过行政处罚或者刑事制裁；

6．上交所认定的其他情形。

十七、上列用语具有如下含义

1．数量或者金额较大，是指数量在30万股以上或者金额在300万元以上；

2．数量或者金额巨大，是指数量在100万股以上或者金额在1000万元以上；

3．比例或者占比较高，是指比例或者占比30%以上；

4．多次，是指3次以上；

5．“以上”“以下”“内”含本数，“高于”“低于”不含本数；

6．实际控制，是指通过股权、协议、委托或者其他方式，直接或者间接拥有对某个账户的交易活动作出决策或者导致形成决策的权利；

7．涉嫌关联，是指多个证券账户在开户信息、交易终端信息、交易行为趋同性或者交易资金来源等方面存在或者可能存在关联。

笔者寄语

投资者需要注意到，上交所对信息披露文件实施形式审核，对其内容的真实性不承担责任。上交所经审核认为信息披露文件存在重大问题，可以提出问询。科创板上市公司或者相关信息披露义务人未按照《科创板股票上市规则》规定或上交所要求进行公告的，或者上交所认为必要的，可以以交易所公告形式向市场说明有关情况。特别是对于异常交易监控细则方面，散户与机构投资者还需多加留意。

第三章

关于潜在风险：规避风险才有赚钱机会

第一节　没对比性风险
第二节　打新破发风险
第三节　宽幅波动风险
第四节　低价仙股风险
第五节　市值操纵风险
第六节　操纵做空风险
第七节　频现退市风险
第八节　虚假内幕风险
第九节　原始股权风险
第十节　个股地雷风险

本章要点

任何市场中的收益和风险永远都是成正比，对于新手投资者来讲，新兴市场中无疑是风险大于收益，因此在本章中笔者侧重对科创板各种潜在风险的阐述，希望帮助读者们提前能预见风险和规避风险、事中能管控风险、事后能处理风险，尽量避免不必要的损失。

第一节
没对比性风险

一、没对比性的原因

科创板重点支持新一代信息技术、高端装备、新材料、新能源、节能环保以及生物医药等高新技术产业和战略性新兴产业的企业上市。这其中均是以“新”为前提，那么问题就来了。因为上市科创板的企业普遍具有技术“新”、未来前景不确定、未来业绩也就更不确定的特点，导致业绩和价格被炒作，波动较大，大部分企业处于新生行业或产业中的萌芽期阶段，具有高风险等特征。

同时，正因为“新”的概念，在市场同行业中可对比的公司较少，甚至没有。传统的估值方法可能不适用，以及上市时的发行定价难度也较大，难以判断是否存在溢价或被高估等现象。

二、科创股的本质特征

从上市条件来看，科创板没有注重企业的净利润业绩条件。再从企业“周期理论图”来看，若企业处在萌芽期（即投入期）时是没有净利润或只有微利。最后从上市为出发点的动机来看，企业上市的目的是再融资（向证券市场发行股票筹钱、合法合规的免费融资），所筹到的钱是否会被用在研发和生产上面？研发能否成功？生产出来后能否受到市场广泛的使用或欢迎？还是只为筹资的一种资本运行手段？这些问题对于投资者来讲不得不深思。企业发展周期示意图见图35。

从萌芽期的时间周期来讲，一般少则2年以上，多则5年左右，企业才有可能进入“成长期”阶段。任何一家企业利润和红利最丰富的阶段是在“成长期”的3～5年之内。

“成长期”是指企业处在技术成熟、生产流水成熟、得到市场广泛认可、销售不断扩增、成本降低和利润稳定增长（若爆发式增长那只是短暂的）的时期。因此，投资者在分析科创股票时，一定要侧重于成长预期方面的分析。

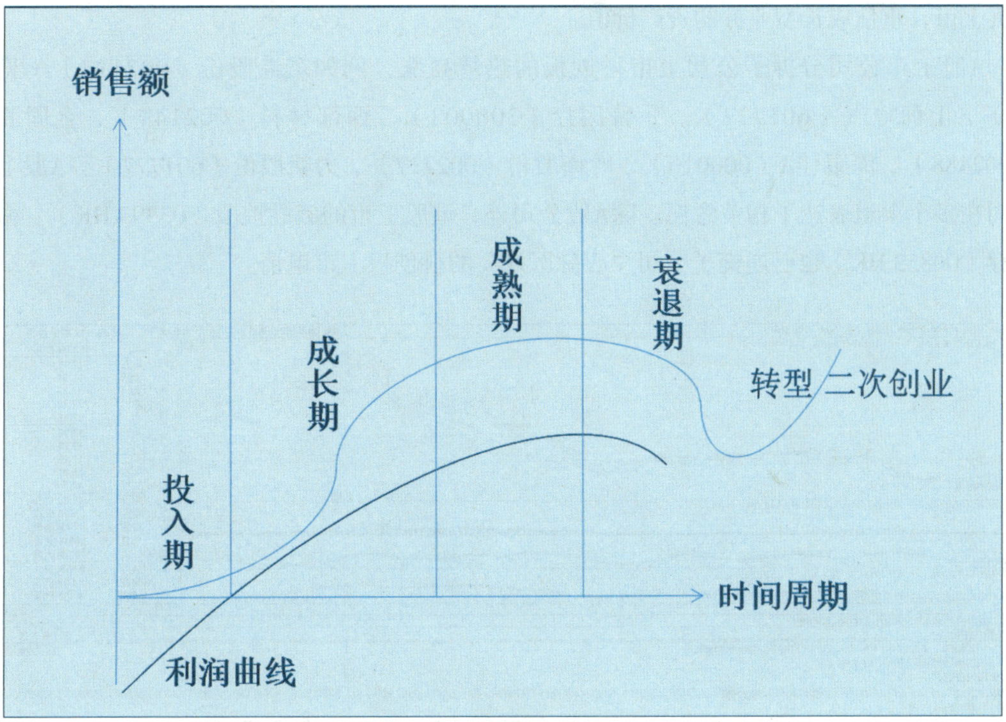

图35

三、拆分股上市可参照母公司

伴随着分拆子公司上市科创板大门的开启，沉寂多年的“分拆上市”重回大众视野。当企业做大了，很多业务可以独立出来上市，“分拆上市”就是成熟资本市场的通行做法，将在科创板破冰。根据《科创板上市公司持续监管办法（试行）》，达到一定规模的上市公司，可依据有关规定，分拆业务独立、符合条件的子公司在科创板上市。这意味着，过去数十年A股关于“分拆上市”制度的空白将被填补，上市公司难以实现的境内分拆上市，转而选择以“H股”或“红筹”形式赴港/美上市的情况有望改变。

市场曾经对“分拆上市”的主要担忧是：分拆上市可能导致上市公司“母子”公司之间涉嫌利益输送、财务报表“变戏法”、违规关联交易；分拆可能引发子公司占用母公司资金，损害母公司中小投资者利益，甚至“母子”竞争、同业不当竞争等问题；对于少数意在炒“壳”、卖“壳”的上市公司来说，分拆上市后的上市公司“壳资源”面临被滥用的风险。

“分拆上市”有利于子公司通过拓宽融资渠道，满足融资需求，改善母公司财务状况。有的企业想激励子公司管理层，选择分拆上市，解决委托代理问题；有的企业欲通过分拆上市，向市场传递子公司业务成长性的信息，提升公司市场价值；还有的企业想通过分拆上市，重估成长型业务的资产价值。

A股上市公司分拆子公司上市科创板的热情高涨，例如东港股份（002117）（见图36）、上海电气（601727）、乐普医疗（300003）、西部材料（002149）、金固股份（002488）、深康佳A（000016）、岭南股份（002717）、力帆股份（601777）等A股上市公司在多个渠道表达了相关意愿。除A股公司外，港股上市的威胜控股（03393.HK）、微创医疗（00853.HK）也已递交子公司“心脉医疗”的科创板上市申请。

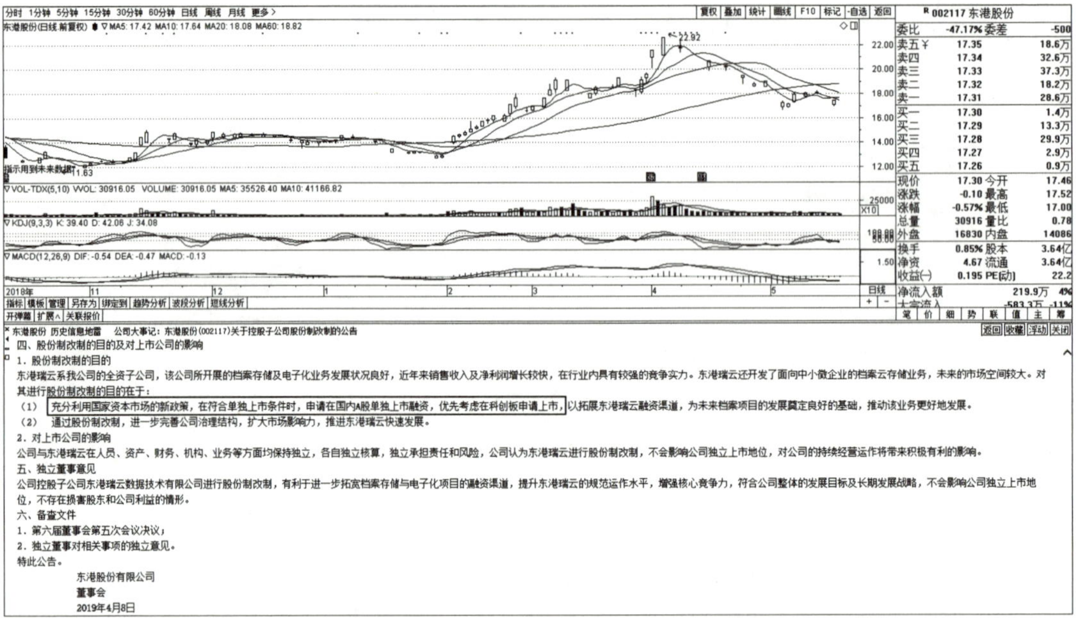

图36

由于未上市的子公司融资能力有限，只能选择债务融资或者定向股权融资。子公司分拆上市后可以利用资本市场融资，不仅能解决子公司自身的资金问题，还能改善母公司的财务状况。

例如用友网络（600588）通过对母公司和子公司业务模式的调整，拆分旗下利润最高的子公司畅捷通（01588.HK），并于2014年7月在香港上市，从而也成为首家在香港以“H股”形式、分拆子公司上市的A股公司，分拆后一年内用友网络的股价涨幅高达483%，同期上证综指上涨107%。

以下四类企业最有可能享受分拆上市红利：

1. 上市公司子公司或部分业务处于高新技术产业和战略性新兴产业；

2. 上市公司持续经营良好，子公司的资产和业务相对母公司独立；

3. 上市公司的子公司或部分业务有较大业务潜力，但暂时受制于融资规模；

4. 上市公司业务跨度过大，计划缩减业务跨度，聚焦强化主营业务相对优势。

如图37所示用友网络（600588）在2015年最高价为43.57元人民币，如图38其子公司畅捷通（01588.HK）在2015年最高价为45.956港币，“母子”两家上市公司的股价也非常同步接近。

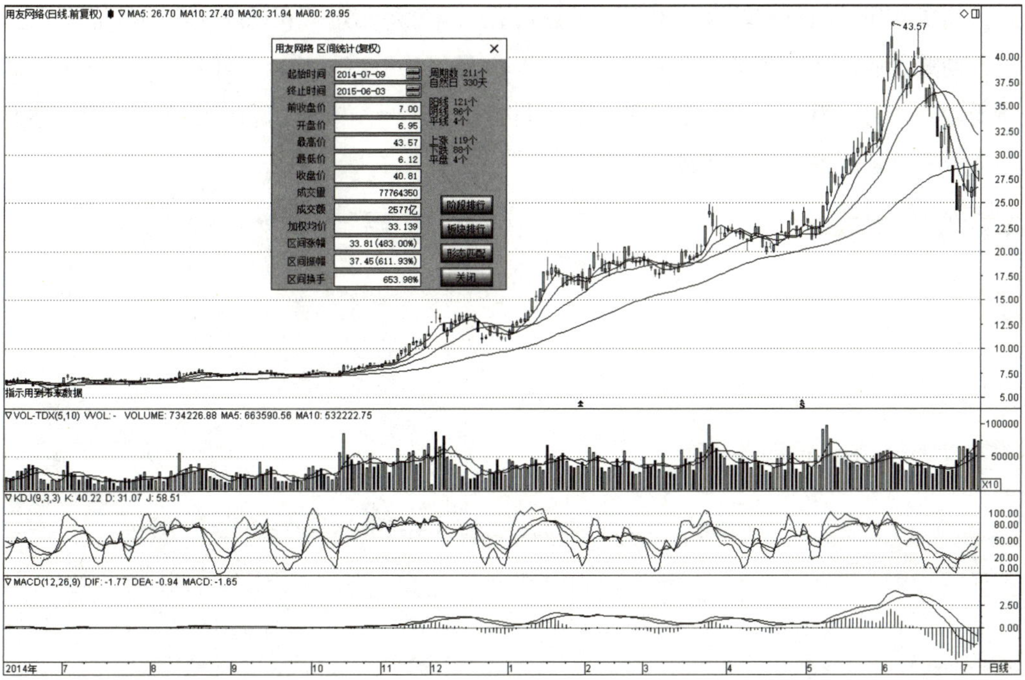

图37

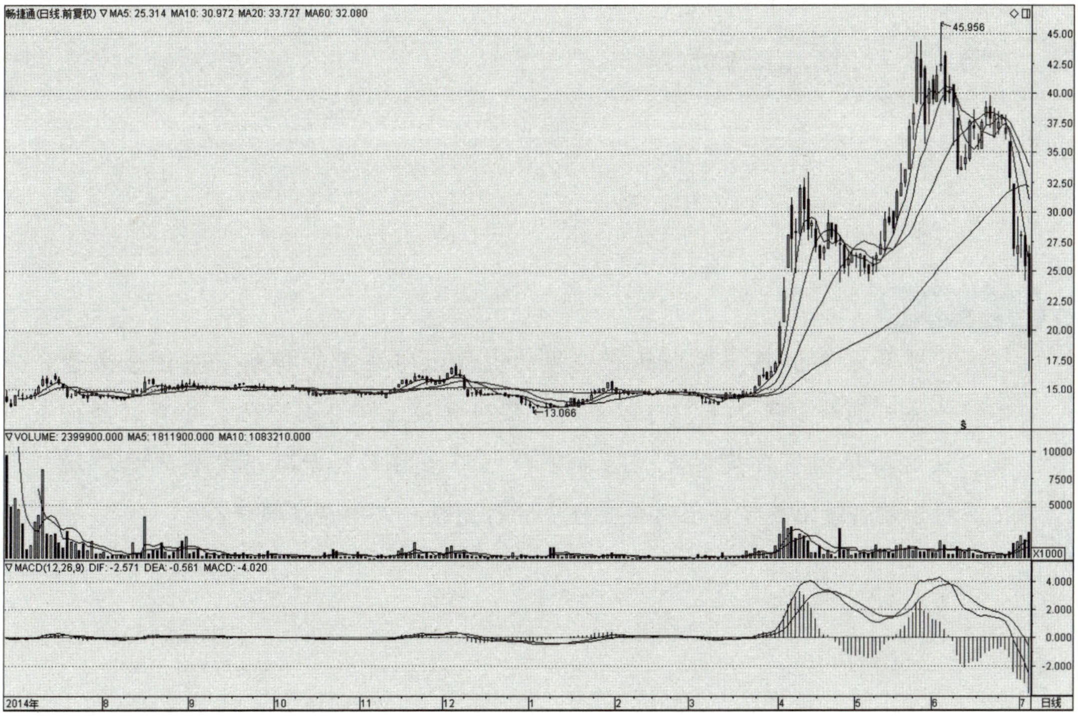

图38

沿上述思路可以得出，无论是“分拆上市”的科创股还是相关A股母公司，均可关联参照分析与参考。例如从母公司的基本面与技术面分析、子公司科创股的技术面与母公司股价是否同步，还是股价有较大的价差，子公司的主营性质与母公司的影响和占比有多大。

科创概念股如图39中的复旦复华（600624）呈强势上涨之势，于2019年5月13日获得上交所受理。请再回看本书第一章（第一节）复旦张江（01349.HK）科创板上市申请，期间A股与港股同步走出惊人的上涨行情。

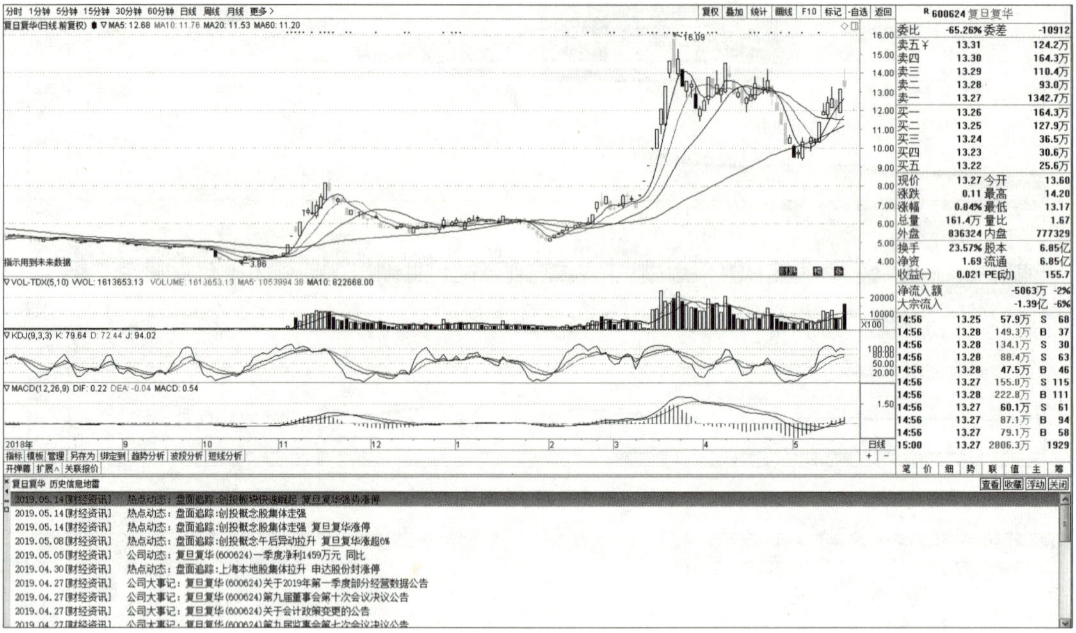

图39

笔者寄语

从监管层来讲解，鼓励具有规模的主板上市公司分拆旗下科技含金量高的子公司到科创板上市，可以更好地促进传统上市公司孵化、培育科创企业。让这些科创项目获得更佳融资平台，符合国家创新驱动发展战略。切记，对于无法对比或可对比的企业较少的科创股一定要谨慎投资。

第二节
打新破发风险

科创板新股发行价格、规模、节奏等坚持市场化导向，询价、定价、配售等环节由机构投资者主导。

一、网下机构配售与询价

根据《上海证券交易所科创板股票发行与承销实施办法》，参与询价的“网下”投资者被确定为7类专业机构投资者（见图40）：证券公司、基金管理公司、信托公司、财务公司、保险公司、合格境外机构投资者和符合一定条件的私募基金管理人等专业机构投资者。

与此前主板市场规则相比，“符合要求的个人投资者”被排除在外。依据上交所的表示，考虑到科创板对投资者的投资经验、风险承受能力要求更高，全面采用市场化的询价定价方式，因此将首次公开发行询价对象限定在上述7类专业机构投资者。

按规定，发行人和主承销商可以通过初步询价确定发行价格，或者在初步询价确定发行价格区间后，通过累计投标询价确定发行价格。参与询价的网下投资者应当遵循独立、客观、诚信的原则合理报价，不得协商报价或者故意压低、抬高价格。发行人、承销商和参与询价的网下投资者，不得在询价活动中进行合谋报价、利益输送或者牟取其他不当利益。同一网下投资者全部报价中的不同拟申购价格不超过3个，且最高价格与最低价格的差额不得超过最低价格的20%。

“有效报价”是指网下投资者申报的不低于主承销商和发行人确定的发行价格或发行价格区间下限，且未作为最高报价部分被剔除，同时符合主承销商和发行人事先确定且公告的其他条件的报价。

另外，首次公开发行股票时，科创板发行人和主承销商可以采用超额配售选择权，超额配售选择权实施结束后，发行人可能会增发股票。例如发行人（上市公司）委托给主承销商（券商公司）1亿股新股发行，结果主承销商销售出1.2亿股，那么发行人可能会再增发2000股。但采用超额配售选择权发行股票数量不得超过首次公开发行股票数量的15%。

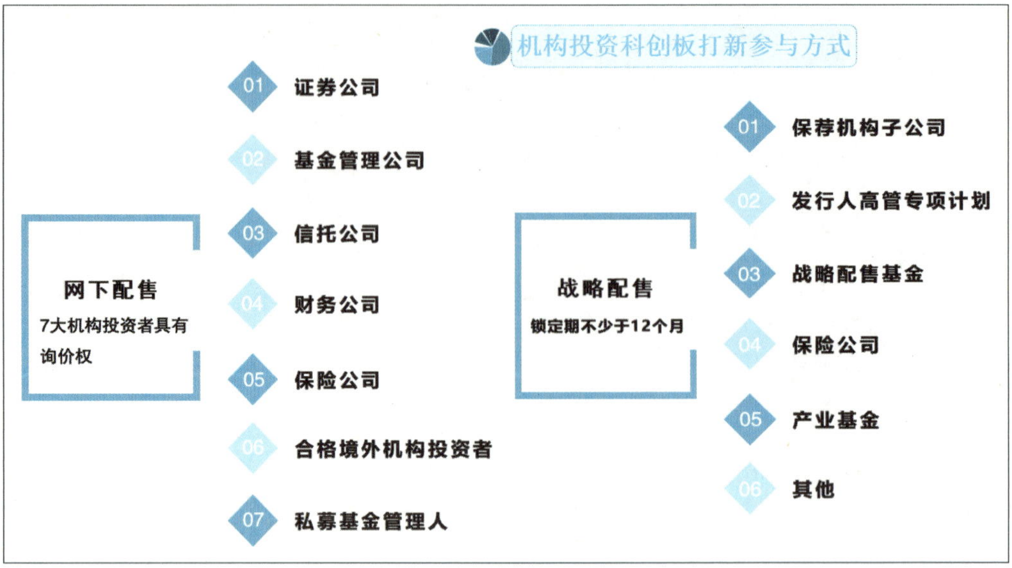

图40

根据《上海证券交易所科创板股票发行与承销实施办法》第十二条规定，在科创板首次公开发行股票，网下发行比例应当遵守以下规定：

（1）公开发行后总股本不超过4亿股的，网下初始发行比例不低于本次公开发行股票数量的 70%。

（2）公开发行后总股本超过4亿股或者发行人尚未盈利的，网下初始发行比例不低于本次公开发行股票数量的80%。

（3）应当安排不低于本次网下发行股票数量的50%优先向公募产品（包括为满足不符合科创板投资者适当性要求的投资者投资需求而设立的公募产品）、社保基金、养老金、根据《企业年金基金管理办法》设立的企业年金基金（以下简称企业年金基金）和符合《保险资金运用管理办法》等相关规定的保险资金（以下简称保险资金）配售。

（4）公募产品、社保基金、养老金、企业年金基金和保险资金有效申购不足安排数量的，发行人和主承销商可以向其他符合条件的网下投资者配售剩余部分。

（5）对网下投资者进行分类配售的，同类投资者获得配售的比例应当相同。公募产品、社保基金、养老金、企业年金基金和保险资金的配售比例应当不低于其他投资者。

（6）安排向战略投资者配售股票的，应当扣除向战略投资者配售部分后确定网下网上发行比例。

《上海证券交易所科创板股票发行与承销实施办法》第十三条规定：首次公开发行股票网下投资者申购数量低于网下初始发行量的，发行人和主承销商应当中止发行，不得将网下发行部分向网上回拨。网上投资者申购数量不足网上初始发行量的，可以回拨给网下投资者。

首次公开发行股票，网上投资者有效申购倍数超过50倍且不超过100倍的，应当从网下向网上回拨，回拨比例为本次公开发行股票数量的5%；网上投资者有效申购倍数超过100倍的，回拨比例为本次公开发行股票数量的10%；回拨后无限售期的网下发行数量原则上不超过本次公开发行股票数量的80%。

私募基金管理人注册为科创板首发股票网下投资者，应符合以下条件：

（1）已在中国证券投资基金业协会完成登记；

（2）具备一定的证券投资经验。依法设立并持续经营时间达到2年（含）以上，从事证券交易时间达到2年（含）以上；

（3）具有良好的信用记录。最近12个月未受到相关监管部门的行政处罚、行政监管措施或相关自律组织的纪律处分；

（4）具备必要的定价能力。具有相应的研究力量、有效的估值定价模型、科学的定价决策制度和完善的合规风控制度；

（5）具备一定的资产管理实力。私募基金管理人管理的在中国证券投资基金业协会备案的产品总规模最近两个季度均为10亿元（含）以上，且近3年管理的产品中至少有一只存续期2年（含）以上的产品；申请注册的私募基金产品规模应为6000万元（含）以上、已在中国证券投资基金业协会完成备案，且委托第三方托管人独立托管基金资产。其中，私募基金产品规模是指基金产品资产净值；

（6）符合监管部门、协会要求的其他条件。

二、网上个人投资者申购

（1）个人投资者基础条件

《特别规定》明确规定了个人投资者的适当性条件，要求申请权限满足两大条件。一是开通前20个交易日证券账户及资金账户内的资产日均不低于人民币50万元，二是参与证券交易24个月以上。其中，50万元不包括该投资者通过融资融券融入的资金和证券。文件还要求，首次委托买入科创板股票的个人投资者，必须以纸质或电子形式签署科创板股票风险揭示书。

（2）个人投资者网上市值申购

《实施办法》第十四条规定：根据投资者持有的市值确定其网上可申购额，符合科创板投资者适当性条件且持有市值达到10000元以上的投资者方可参与网上申购。每5000元市值可申购一个申购单位，不足5000元的部分不计入申购额度。每一个新股申购单位为500股，申购数量应当为500股或其整数倍，但最高申购数量不得超过当次网上初始发行数量的千分之一，且不得超过9999.95万股，如超过则该笔申购无效。

简单地说，申购科创板股票之前，你的股票账户内要有至少1万元的股票市值，ETF和逆回购等都不算，只计股票市值。有人会问，科创板设在上交所，是不是只计算沪市市值，不计算深市市值？答案是所持有的“沪深股票市值”都计算在内。

网上申购总量大于网上发行总量时，上交所按照每500股配一个号的规则对有效申购进行统一连续配号。有效申购总量大于网上发行总量时，主承销商在公证机构监督下根据总配号量和中签率组织摇号抽签，每一个中签号可认购500股新股。与主板1000股为一个单位相比，这是希望能让更多人中签的制度。

三、战略投资者配售

（1）首次公开发行股票可以向战略投资者配售（简称“基石投资者”）

首次公开发行股票数量在1亿股以上的，战略投资者获得配售的股票总量原则上不得超过本次公开发行股票数量的30%，超过的应当在发行方案中充分说明理由。首次公开发行股票数量不足1亿股的，战略投资者获得配售的股票总量不得超过本次公开发行股票数量的20%。

首次公开发行股票数量4亿股以上的，战略投资者应不超过30名；1亿股以上且不足4亿股的，战略投资者应不超过20名；不足1亿股的，战略投资者应不超过10名。

证券投资基金参与战略配售的，应当以基金管理人的名义作为1名战略投资者参与发行。同一基金管理人仅能以其管理的1只证券投资基金参与本次战略配售。

（2）发行人应当与战略投资者事先签署配售协议

发行人和主承销商应当在发行公告中披露战略投资者的选择标准、向战略投资者配售的股票总量、占本次发行股票的比例以及持有期限等。战略投资者参与股票配售，应当使用自有资金，不得接受他人委托或者委托他人参与，但依法设立并符合特定投资目的的证券投资基金等主体除外。发行人和主承销商应当对战略投资者配售资格进行核查。战略投资者应当承诺获得本次配售的股票持有期限不少于12个月，持有期自本次公开发行的股票上市之日起计算。

（3）科创板试行保荐机构相关子公司跟投制度

发行人的保荐机构依法设立的相关子公司或者实际控制该保荐机构的证券公司依法设立的其他相关子公司，参与本次发行战略配售，并对获配股份设定限售期。

参与配售的保荐机构相关子公司应当事先与发行人签署配售协议，承诺按照股票发行价格认购发行人首次公开发行股票数量2%～5%的股票，具体比例根据发行人首次公开发行股票的规模分档确定：

（1）发行规模不足10亿元的，跟投比例为5%，但不超过人民币4000万元；

（2）发行规模10亿元以上、不足20亿元的，跟投比例为4%，但不超过人民币6000万元；

（3）发行规模20亿元以上、不足50亿元的，跟投比例为3%，但不超过人民币1亿元；

（4）发行规模50亿元以上的，跟投比例为2%，但不超过人民币10亿元。

参与配售的保荐机构相关子公司应当承诺获得本次配售的股票持有期限为自发行人首次公开发行并上市之日起24个月。

限售期届满后，参与配售的保荐机构相关子公司对获配股份的减持适用中国证监会和上交所关于股份减持的有关规定。

（4）发行人的高级管理人员与核心员工可以设立专项资产管理计划参与本次发行战略配售

专项资产管理计划获配的股票数量不得超过首次公开发行股票数量的10%，且应当承诺获得本次配售的股票持有期限不少于12个月。发行人的高级管理人员与核心员工按照前款规定参与战略配售的，应当经发行人董事会审议通过，并在招股说明书中披露参与人员的姓名、担任职务、参与比例等事宜。

（5）基石投资者能给上市公司一剂稳定剂

基石投资者需要承诺自上市后锁定期不少于12个月才能解禁卖出，同时基石投资者不能重复进行申购，并要在公司的招股书中披露公开一些相关信息。这实际是对公司的基本面、盈利模式、发展前景的一个肯定，也是对不确定性市场起到一种稳定剂的作用。当然，这类科创股也将成为个人投资者打新的首选目标。

四、上市首日谨防破发

与主板发行不同的是，科创板没有23倍发行市盈率的上限管制，新股发行的定价是不受约束的。这就要求投资者专业且有很强的风险承受能力，科创板里的打新和炒新都存在高风险，不像主板、中小板、创业板的新股发行一样，基本上都是零风险或者绝对性的打新正收益。未来科创板将可能出现新股上市首日破发的常态情况，特别是在市场大环境不利的情况下。笔者认为，在科创板第一、第二批上市的新股破发概率较小，因为要维护科创板市场的良好印象，在发行流程中的各环节均会择优过滤，但在往后就不一定了。

申购科创板打新的主要风险是，因为上市门槛低，亏损企业也可以上市，同时实行市场化定价，所以将存在上市首日破发的现象。由此，需要对拟申购打新的企业进行挑选，若是闭着眼睛随意申购，极可能面临破发亏损。

其次，科创板企业普遍具有技术新、前景不确定、业绩波动大、风险高等特征，市场可比公司较少，传统估值方法可能不适用，发行定价难度较大，科创板股票上市后可能存在股价波动较大的风险。

此外，科创板IPO（首次公开募股）上市的股票，上市后的前5个交易日不设价格涨跌幅限制。第6个交易日开始实行价格涨跌幅限制（涨跌幅比例为20%）。由于交易规则与现有A股市场完全不一样，个人投资者在新股中签后的操作难度将明显加大。

图41

五、纵观港股破发比率

2018年有204家企业在港交所上市发行新股，显著超出2017年的168家（见图42、图43），累计募资额约2722.2亿港元，较2017年的1282亿港元增长超1倍。2019年有超过250家企业有意赴港IPO，且包括很多科技类企业。2010—2018年港股IPO首日收盘价计破发情况见图44。

富途证券统计，在2018年204家新股统计企业中，66家在上市首日收盘价跌破发行价，119家公司则在上市首日取得上涨。其中，日常消费、医疗保健、可选消费和材料等4个行业的新股首日表现亮眼。

港股2010年以来新股发行及上市首日破发情况，通过对比，往年首日破发率介于21.1%～38.8%之间。随着熊市的下跌，如果不以上市首日计算，而是以2018年12月28日的最新收盘价来统计，2018年新股整体破发率从31.2%飙升至72%。这意味着在上市初期表现较好的公司股价随大盘下行趋势明显。

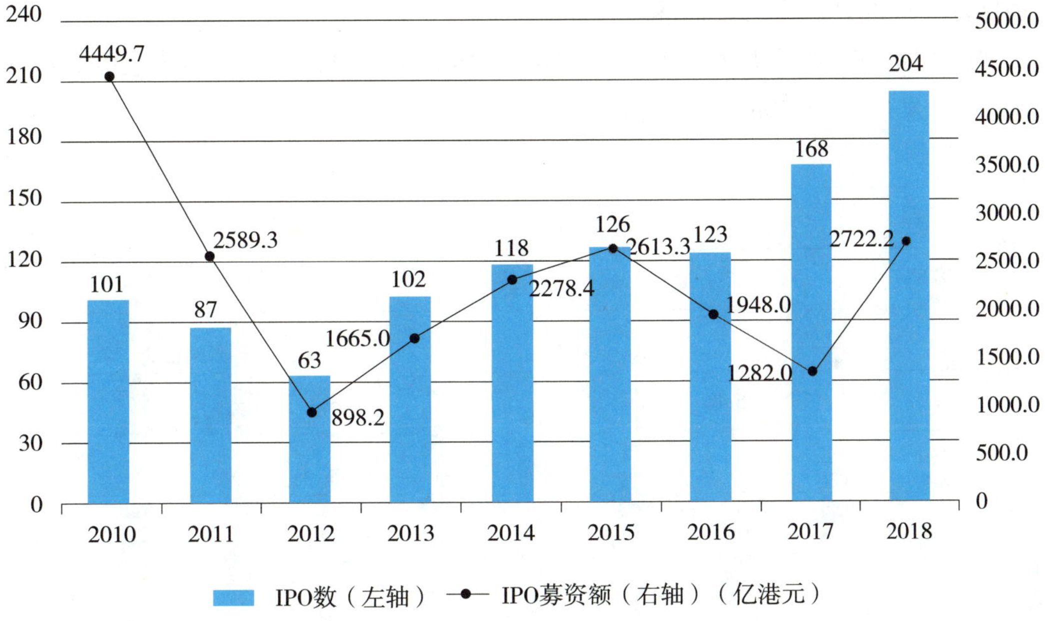

图42

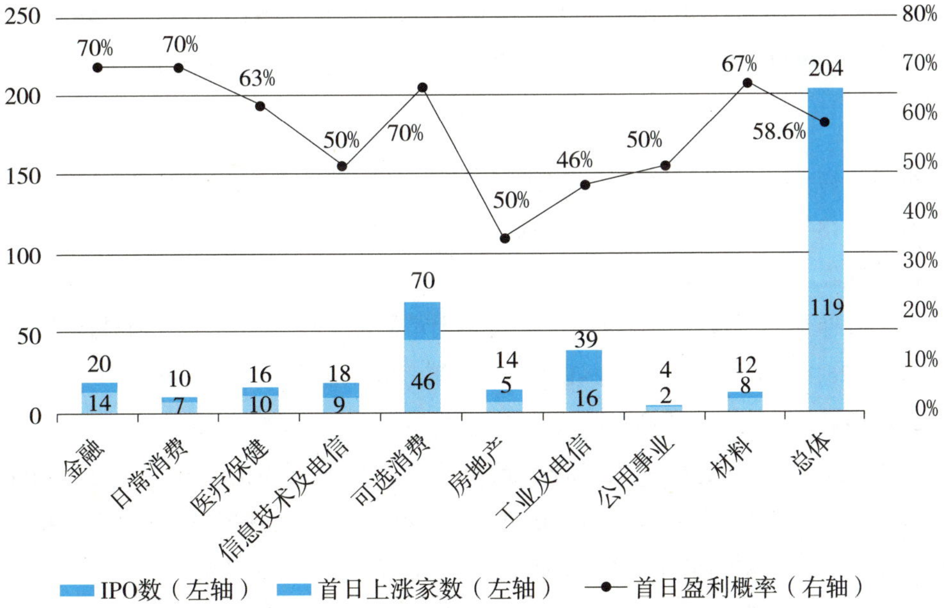

图43

2019年第一季度，在香港挂牌上市的企业 43 家，其中通过IPO方式上市36家。值得一提的是，港交所在去年进行重大的上市改革，首次让拥有不同投票权架构的新经济公司及未有盈利的生物科技公司来港上市，令市场更添活力。2019年第一季度，近44%的IPO集资额是来自新经济及生物科技公司。与2018年72%的新股破发率相比，2019年第一季度新股破发率仅为39%，36只新股中共有14只股失守发行价。

“港股第一疫苗股”康希诺生物-B（06185.HK）以发行价22港元，成为2019年第一季度唯一一只发行价超过20港元的股票。

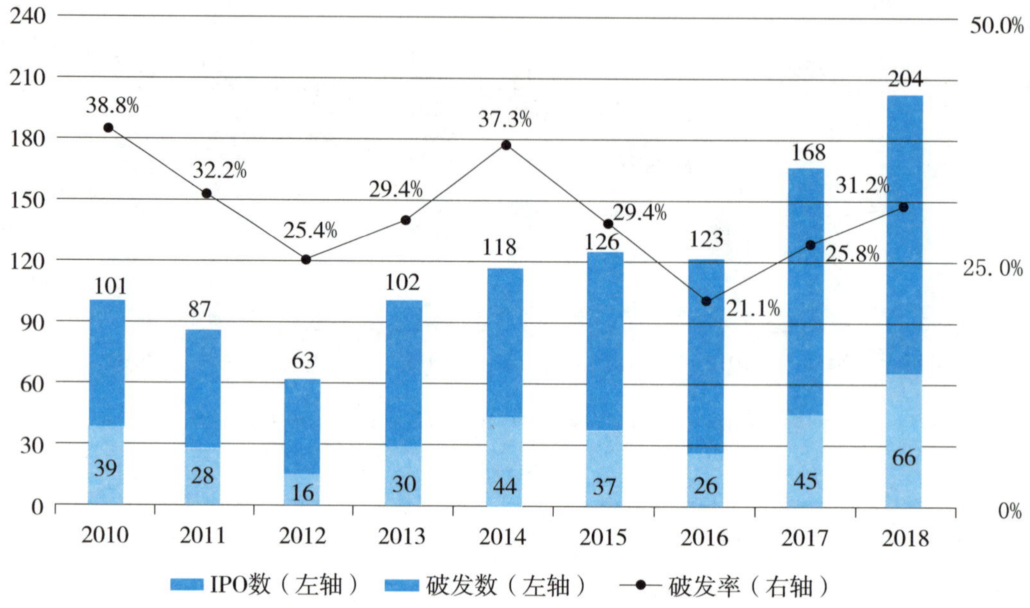

图44

康希诺生物-B（06185.HK）作为港股第七家“尚未盈利”的生物科技公司，主要受惠于港交所在2018年4月30日落地的《新兴及创新产业公司上市制度》，为未有盈利／收益公司的生物科技公司打开了绿色通道。

另外，同样受惠于《新兴及创新产业公司上市制度》的未盈利的生物科技公司还有基石药业-B（02616.HK）。基石药业-B作为港股第六家未盈利的生物科技公司，发行价12港元，是2019年第一季度发行价超过两位数的6家公司之一。

再看港股入场费，港股的入场费就是申购一手新股所需的费用，入场费中包含的“1.0077%×一手股数×申购价上限”的费用，在没有中签的情况下，该笔费用将退还。（1.0077%为：1%的经纪佣金+0.0027%证监会征费+0.005%联交所交易费）。

回看2018年，港交所修订主板《上市规则》允许同股不同权、非盈利生物医药公司以及将香港作为第二上市地的公司来港上市，这是香港市场近25年来最重大的一次上市机制改革，在改革之下，“独角兽”创业公司上演了一场集体IPO盛宴。

未来，创新企业集体IPO盛宴将会出现在上交所科创板。所以笔者建议，不妨从港股的昨天看科创板的明天。

笔者寄语

网下投资者应积极参与科创板上市初期的新股网下配售，但需警惕个别新股定价走高后涨幅下滑的风险。不过，有时也会出现暂时的破发现象，随后可能再重返发行价之上，一般破发之后继续长时间下跌的概率很小，除非发行价定得严重偏高。所以，破发的不一定是坏公司，好公司也不一定不破发，破发的参照系只是IPO时的发行定价，是投资者不断根据市场冷暖、估值高低调整预期的一种自然反应。对有港股交易经验的投资者来讲，或许会更加熟知这一要性。

特别是对于一些传统的行业，市场有丰富的认知经验，此类公司的新股上市后价格波动往往较小；但对于例如生物医药等新经济行业，市场认知较少、可对比性较少，这些新股上市后的波动往往比较大，这些现象也符合市场规律。（关于更多打新申购制度请参阅本书第二章第二节）

第三节
宽幅波动风险

科创板个股宽幅波动的风险主要在于：上市前5个交易日“无涨跌幅限制”和6日后“20%涨跌幅制度”，再加上刚上市时流通盘小，前期上市的股票数不多，很容易受到市场炒作现象影响。

虽然交易市场中的风险与收益永远成正比，即宽幅波动能带来高收益，也能带来高风险，但在扩大涨跌幅度的同时并不能T+0回转交易，在T+1制度下难免会出现被动亏损的现象。当将来科创板日渐成熟扩大时，才有望转型为T+0的制度。

为了能让大家认知“无涨跌幅限制”和“20%涨跌幅制度”的模样，在本节中笔者以真实案例讲解，希望能让大家感受到这其中的机会与风险并存。

一、无涨跌幅限制的案例

标的：港股中国稀土（00769.HK）（见图45）。

振幅：2019年5月21日最高涨幅135%，报收+108%，早盘高开20%后稳步上涨，直至收盘前1小时再正好回撤20%，一点不多，也一点不少（135×20%=27，27+108=135），这体现出主力做庄控盘水平。次日低开5%后，惯性下挫最低跌幅近30%直至收盘，距离最高价回撤50%，如此惊心动魄的涨跌幅在A股市场近年来确实没有过，只有在多年前的A股权证才有这样的景象。

动因：习近平总书记于2019年5月20日赴江西考察调研。此行第一站，习近平就来到了位于赣州市的江西金力永磁科技股份有限公司，了解考察企业生产经营和赣州市稀土产业发展情况。2019年5月21日，稀土价格上调，百川资数据显示，当日氧化镨钕报价27.5万～27.8万元/吨，氧化钕27.7万～28万元/吨，金属镨钕34.7万～35.2万元/吨，金属钕34.7万～35.2万元/吨。

稀缺资源类的“稀土”和“有色”都是历史中的人气王板块，涉及个股较多，板块轮动时容易带动整个市场的人气高涨，有利于活跃市场。

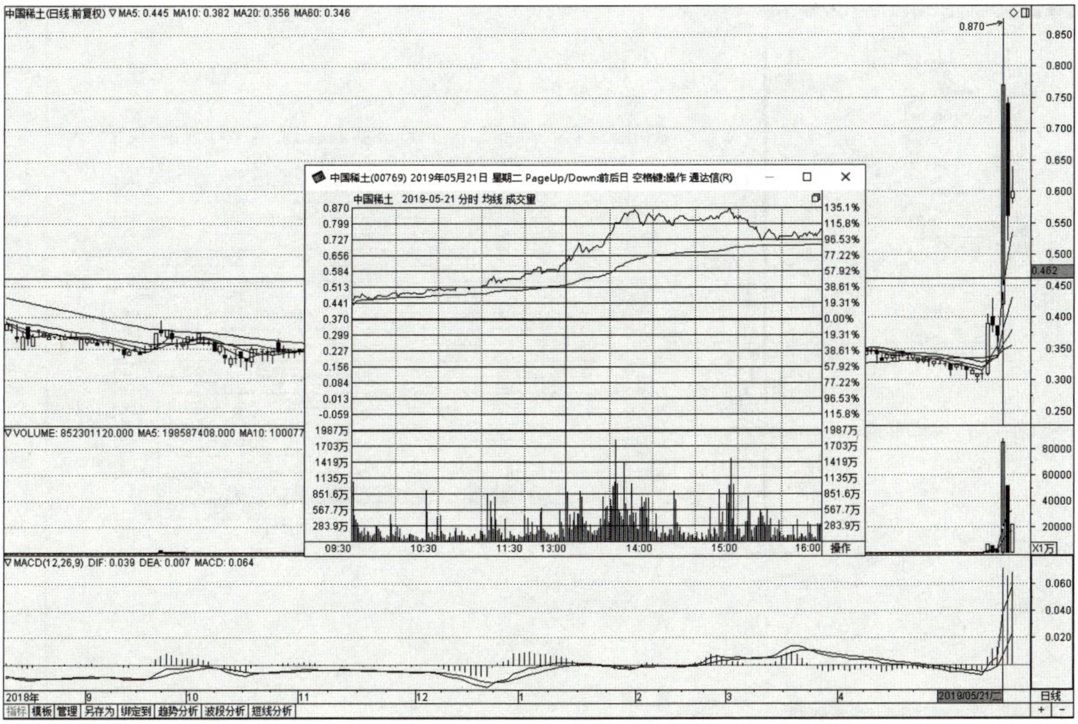

图45

总结：没有涨跌幅限制的涨跌幅都是很惊人的，甚至会出现技术分析失灵的情形；每一次宽幅波动的背后必有起因，谁能第一时间获得这一消息谁就是赢家；标的与行业和板块概念的属性对涨跌幅度大小也有直接关系，例如上述提到的人气王板块。

标的：港股嘉艺控股（01025.HK）（见图46）。

振幅：2019年5月15日平开至10：30附近（易变盘窗口）时直线“闪崩”狂泄87%，随后横向盘整至收盘–75%，市值当天蒸发近20亿港元。“闪崩”之前股价累计涨幅逾420%，瞬间抹去了累计涨幅，股价也被打回了原形。

从日K线来看，该股属于次新股，2019年2月28日上市，发行价0.98港元，上市首日开盘价0.99港元、最高价1.12港元、最低价0.94港元、收盘价1.06港元。随后连涨2个月到最高价5.28港元，再到图47当天直线下跌后，日线再继续盘跌。

类似的次新股还有在2019年3月27日上市的港股——管道工程（01865.HK），在2019年5月21日午后跌幅超过50%。

动因：没有“基本面和消息面”的不利影响，侧面理解为“持股集中度较高”也是高处不胜寒的风险。回看2017年6月27日，当日港股多只细价股（低价股）集体闪崩，20多只个股出现跌幅在30%以上的暴跌走势，其中中国集成控股、汉华专业服务等跌幅超90%。这些个股都具有“股权高度集中、低市值”等特征。“股权高度集中个股”最容易发生股价“闪崩”。

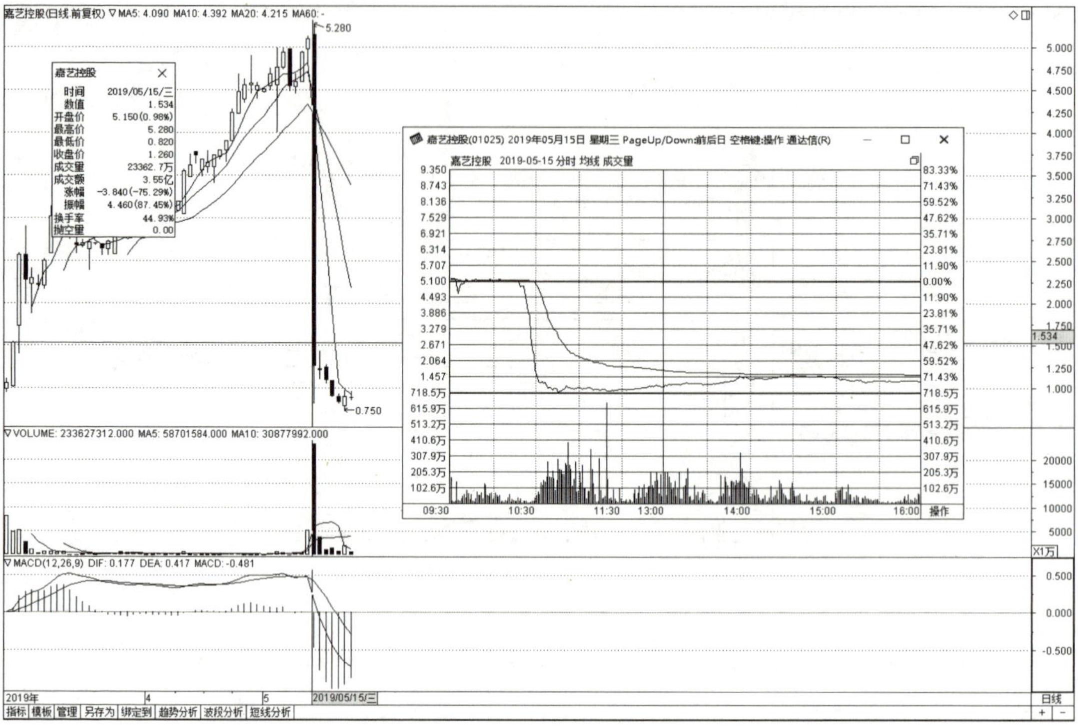

图46

总结：遭遇洗仓式暴跌，半小时“闪崩”跌去八成，在科创板上市不久的时候，笔者认为也会出现类似这样的次新股高涨后的急挫风险，虽然每天最多跌20%，但连续几天下跌也是相当惊人的。特别是对于标的公司的前景本质不看好的，例如图46的嘉艺控股属于“爱情股”（婚纱、伴娘裙等一站式解决方案供应商），这类股的结局，大多数逃不掉一根沉重的巨阴线。还有小盘股票容易发生庄家控盘，散户得知足就走，不然后面会被套牢，难有解套翻身的机会，不懂庄家风格，就很容易遭受损失。倘若遇上“黑天鹅”或“爆地雷”以及公司出现重大问题等，导致股价一去不复返，投资者被套后几乎没有解套的可能。

二、有涨跌幅限制的案例

标的：A股贝通信（603220）（见图47）。

振幅：在2019年1月25日早盘高近5%后，再直线下跌超过13%，直到收盘跌停，全天振幅15%。同样是次新股，于2018年11月15日上市，发行价7.85元，发行市盈率22.97倍，首日开盘价9.42元、收盘价11.3元，不到3个月涨至最高价42.5元。

动因：截至2019年1月24日，该公司静态市盈率为116.13，中证指数发布的证监会行业市盈率显示：公司所处的“软件和信息技术服务业”市盈率为39.49，该公司市盈率明显高于行业市盈率水平。并且，公司当时与5G网络建设关联不大。另外，当天多只次新股集体重挫。

总结：发行时的市盈率与一轮高涨后的市盈率必然会偏离同行业的平均值，属于价值高估特征，股价也难免会回归，对于有可对比性的“科创股”一定要留意市盈率的偏离。再者可结合技术面的偏离和预见性风险特征，例如图47中的K线三次平顶中MACD顶背离。更多有关K线量价形态分析技巧，请参阅笔者著作的《做精一张图（彩图版）》和《做精实盘手法（彩图版）》书籍。

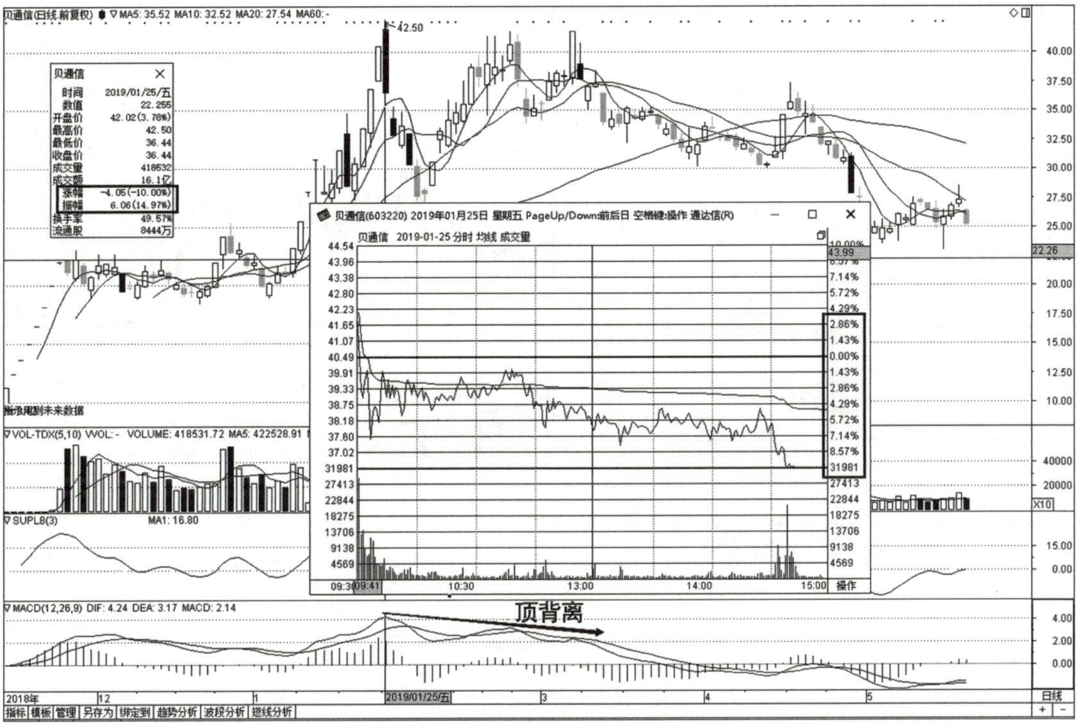

图47

标的：A股大晟文化（600892）（见图48）。

振幅：在2019年2月12日该股跌停开盘，直至中午盘10分钟内迅速直线涨停（简称“天地板”），全天振幅20%，中途回撤超过8个点，截至收盘仍然封住涨停，日K线呈现出光头光脚的长阳线。在此之前该股已经连续5个跌停，到该日以放量急拉，打进当日龙虎榜。

动因：该股票1996年3月15日上市，当时发行价1元，此后超过20载没有一次进行现金分红。上市以来多次更名、戴帽和摘帽，并且在2017年6月9日执行超高送转（每10股送30股）。另外，当时预计公司在2018年亏损10亿～15亿元，正因年报业绩利空影响，其后上涨中的阳量并不足，显然是主力在做最后的出逃自救计划。当日也并无其他重大利好消息的影响，由此可理解是主力人为现象，在短短几分钟内从跌停到涨停，一般散户是做不到的，这背后的意图也就可想而知了。

总结：在科创板中，高位急跌诱空后再上涨、低位急涨诱多后再下跌，高位急跌后见真顶、低位急涨后见真底，真真假假、日内宽幅波动时有发生。对投资者而言，当发现异常波动时，就该高度注意，全面分析和理解其背后的意图。本节以简洁形式从各方面进行讲解分析，请读者朋友们认真阅读文中各细节。

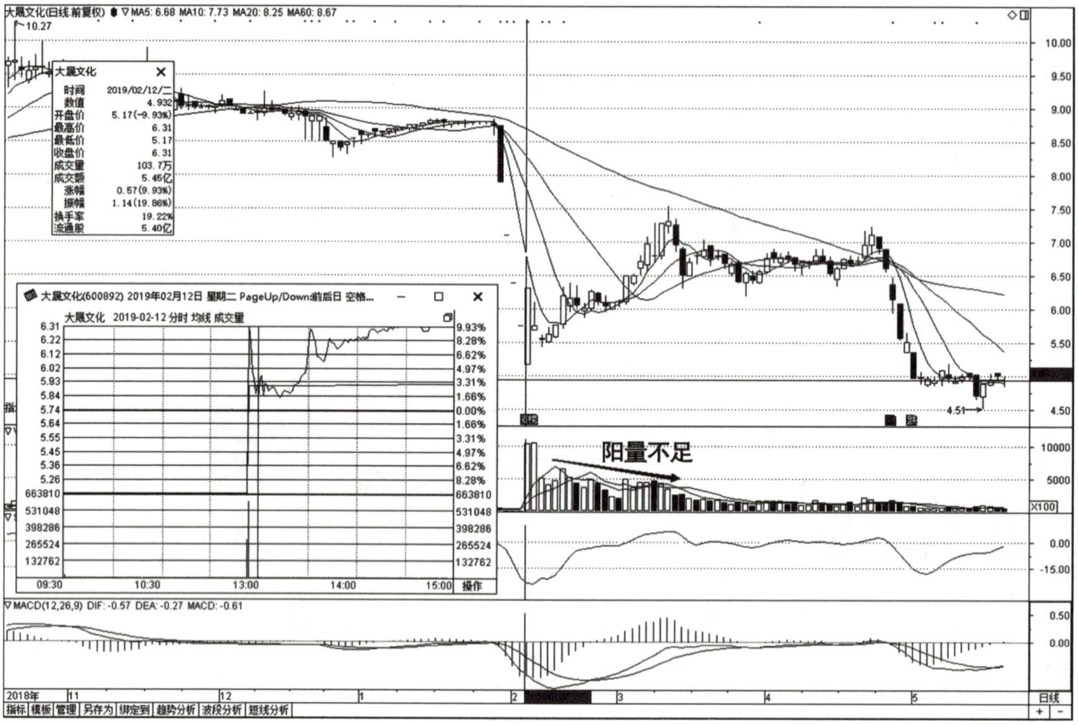

图48

标的：A股露笑科技（002617）（见图49）。

振幅：于2019年4月12日低开低走至跌停，直到10：30左右的变盘窗口稳步拉升，再到尾盘20分钟内封住涨停，全天振幅达到20%，在强市大环境下或在盘中突遇重大利空影响下，这种日内“天地板”也尤为常见，但这种异动背后的意图和走势才是关键。

动因：当天太阳能概念股中有6只均涨停的联动效应。2019年4月11日因“并购重组”停牌至2019年4月12日复牌，并获得中国证监会并购重组委审核有条件通过，属于实质性的重大利好。但从图49的K线图阶段位置来看，从前期最低价3.07元到6元左右，股价已经上涨1倍，往往当股价涨幅达1倍左右时不排除主力有兑现离场的嫌疑。再从整体浪形来看，图50中圆圈标记处为盘升后的接力“主升浪”，这种宽幅震荡打压洗盘或上下试盘，也是常在“主升浪”之前或中途见到的。

总结：很多喜欢高风险和高收益的投资者，选择打板或只做主升浪阶段的宽幅波动行情，但问题是他们是否能胜任挑战。看懂一张图就能即知主力意图，例如“志尚投教”在线视频学习平台中的《36节通用K线形态技巧》，里面有一节讲到K线的4种浪形结构，所有K线图市场中有70%的时间都会出现这4种浪形特征。懂得浪形特征，才能看懂现处于哪种浪形结构中的哪个阶段位置，由此才能获得接下来量价时空的空间机会。由于笔者写作之时，科创板还未推出，没法作出科创股的实际走势图案例，但要相信凡是有K线的市场都是通理通用，因为背后是人性的博弈，K线图也是最直观的一种表现形式。

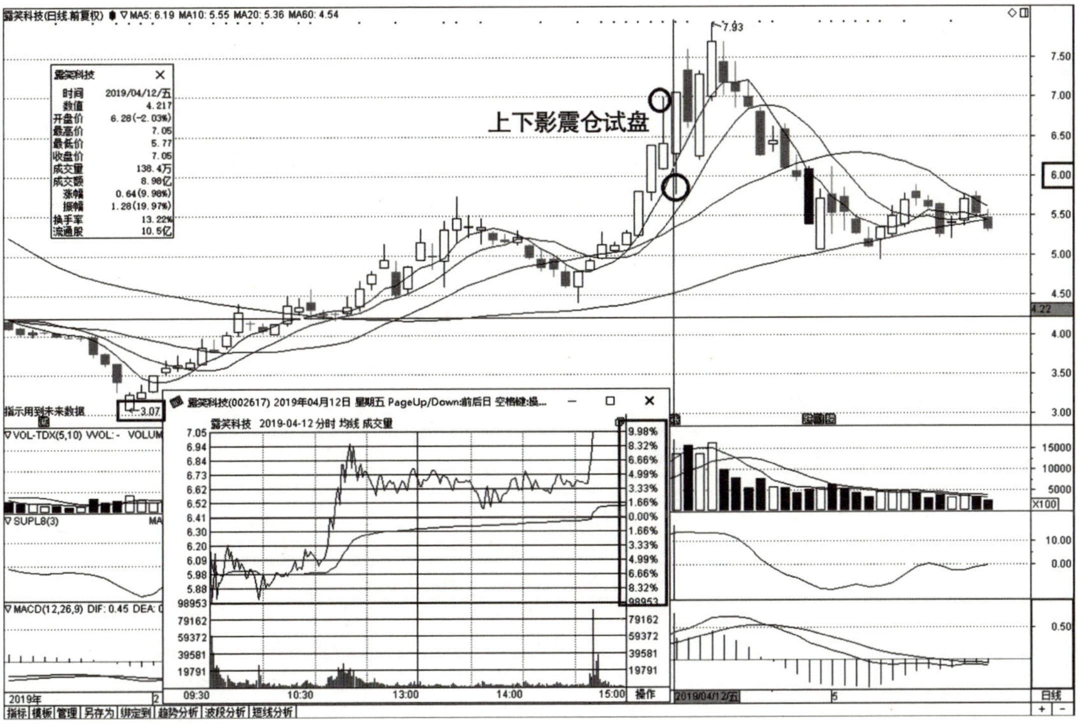

图49

笔者寄语

笔者在本节描述这些内容，并不是为了吓退大家，而是以“无涨跌幅限制”和扩大“20%涨跌幅制度”将可能会发生的事实，通过港股和A股的昨天来看待科创板的明天。

对于价格波幅越大的交易标的来讲，更注重交易技能、交易技巧以及交易经验的丰富性。为何要设50万元和交易经历的开户门槛，其目的就是希望投资者要有一定经济基础和抗风险能力，至少要具有事先的风险意识，这也是笔者在本章重点讲述风险的初衷。同时，在科创板还未正式推出之前，笔者便已执笔写作本书，一直心系投资者，望请读者朋友们能感受到笔者的用心良苦。

第四节
低价仙股风险

“仙股”的说法最初源于香港的股市，是特指股价跌至1元以下，且长时间都处在1元以下的股票，在英语中被称为“penny stock”。在美国股市中如果股票的价格长期低于某一价格就会被摘牌，在中国内地是指低于1元人民币的股票，在中国香港是指低于0.1港元的股票。用货币单位指称一类股票，这在中国股市中也有类似说法，比如说某某股票为百元股、千元股，或者熊市中说某某股票跌回2元股时代、1元股时代（1～2元之间）。

在科创板全面放开后，涌流而入的上市股票越来越多，随着市场热情和炒作热情逐渐降低、大环境不利于经济增长和股票公司上市套现后不理问等负面情况出现，笔者相信到时一定会有不少“仙股”存在，在生死界线上等待退市的审判（见图50）。因为在注册制

图50

的背景下，好的股票价格会持续上涨，甚至不受熊市太大的影响；不好的股票价格却一直下跌，或者长期躺卧在低位、低价、低成交量的“仙股”状态。

一、A股中的低价仙股

2008年11月6日上证综指在1664点的最低点时，在股价不复权的情况下，1元以下的“仙股”共有3只，而股价在1～2元的“准仙股”则有60只。

从基本面上看，“仙股”和“准仙股”基本属于重大利空、不被市场看好的一类个股，一般存在巨额亏损、经营管理失序、债务缠身、违规违法等问题以及被立案调查等多种负面因素。

老股民们都说，只要A股市场中破2元的股票达到数家以后，就证明熊市正在进入底部区域，再下跌的空间不太大了，或者说再下跌时的机会将大于风险，应静待构底回转。当然，随着A股上市公司数量的增加，破2元的股票需由以往的数家增至数十家后方能构底成功。科创板或许会有更多“仙股”出现，使站岗的投资者永无翻身解套之日。不过，也会有部分个股出现咸鱼翻身的利好奇迹，这也是一种高收益回报的体现。

超低价股增多也与“高送转”有关。一些股票大幅“瘦身”，股票并没有增加股权价值，只是降低了股价，变身为了低价股。所以这也造成了一些后遗症，例如多次实施高送转，股本虽然做大了，但业绩却没有做强，导致其股价没有业绩的支撑，进而成为“仙股”或“准仙股”，这也是投资者用“脚”投票的结果。

科创板制度建设不断向国际化靠拢，往后会有越来越多股票沦为几乎没有成交量的“仙股”。类比美国股市，虽连创新高，但也只有三分之一的股票活跃，大部分的股票仍然没有太大的流动性。

二、港股中的低价仙股

以同样实行注册制的港股市场为例，主板与创业板共近2500只股票，有逾千只股票价格低于1港元，近2000只股票换手率低于1%，百只股票价格低于0.1港元。虽然港股市场有那么多的“仙股”，但却没有影响到恒生指数的上涨。所以，在港股市场，大量的“仙股”并不影响牛市行情的运行。

港股与A股一向是以“抓大放小”为操作主线，这是受到投资逻辑一致性的影响。在过去几年的“调结构”大背景下，龙头股成了市场投资配置的主要目标。例如众所周知的A股贵州茅台、港股腾讯控股，整体远强于大盘指数。

随着上文图46中提到的港股嘉艺控股（01025.HK）的瞬间闪崩，同时也揭开了香港“股权高度集中股”的黑幕一角。随后港证监会公布163只“股权高度集中”名单，而这些股权高度集中个股都有以下四个明显特征：

1. 大股东合计持股比例均在90%以上，例如南方能源（01573.HK）股权集中度更是高达99.07%，该公司只有664万股（占已发行股份的0.93%）被其他投资者持有。

2. 股价走势波动幅度大，且部分个股现价较上市发行价均有较大涨幅。

3. 市值小、股价低的多为“仙股”。

4. 成交清淡，日均交易额小，换手率低，日均换手率低于1%，部分个股甚至是全天无成交。

笔者寄语

对于长期处在低成交量运行状态的股票，一旦市场氛围变差，持有该股的投资者蜂拥而出，从而导致该股股价闪崩的可能性大。关于流动性强的股票溢价明显高于流动性差的股票，在机构投资者积极入市的市场背景下，流动性强的白马股连创新高，而流动性差的个股往往连创新低。所以，大家尽量选择流动性较强、业绩超预期的成长性品种；而对于业绩不及预期、解禁期临近，且流动性不足的个股则应尽量规避，避免遭受损失。股票流动性不足，意味着当你想卖出股票的时候无人接盘，进一步削弱对资金的吸引力，市值持续缩水的同时进一步收紧流动性，循环往复。切记“不博弈退市制度、不炒作垃圾股/仙股”才是理性投资行为，做到全面风控体系（如图51）。

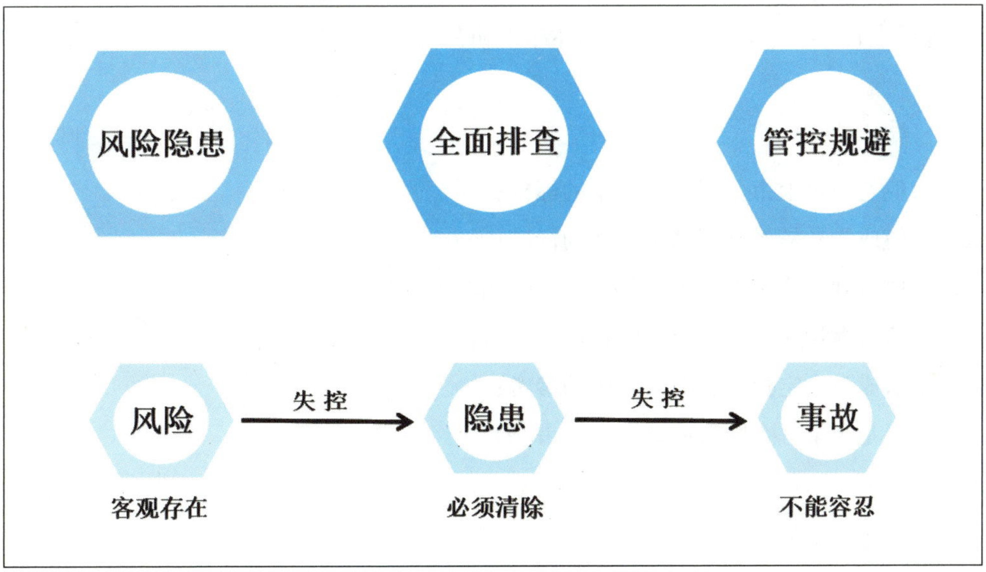

图51

第五节
市值操纵风险

“市值管理”是上市公司基于公司市值信号，综合运用多种科学、合规的价值经营方式和手段，以达到公司价值创造最大化、价值实现最优化的一种战略管理行为。其中价值创造是市值管理的基础，价值经营是市值管理的关键，价值实现是市值管理的目的。

市值管理是中国资本市场独特的管理概念，它的萌生与2005年开启的上市公司“股权分置改革”有着密切的联系。股权分置改革后，市值成为中国资本市场的全新标杆。市值管理在经过多年的理论探讨和操作实践后，在2014年5月9日，国务院颁布《关于进一步促进资本市场健康发展的若干意见》（简称新“国九条”），明确提出“鼓励上市公司建立市值管理制度”，中国上市公司市值管理进入全新的规范化和制度化阶段。

当一家上市公司没有上策能用时，极可能采取下下策的“草船借箭”等方式，违规操纵市值，而针对该股票的基本面和技术面分析将失真、无效，投资者容易误入歧途。再加上注册制的科创板上市门槛较低，公司实力相对单薄，难免会想方设法做大市值。在市值管理的过程中有哪些机会和风险，这是本节要讲的重点。

一、市值的意义是中国资本市场进入全流通时代后的资本新标杆

1. 市值是衡量上市公司实力大小的标杆；
2. 市值成为考核经理层绩效好坏的标准；
3. 市值可判断决定上市公司收购与反收购能力的强弱；
4. 市值可衡量决定上市公司融资成本高低；
5. 市值成为决定投资者财富大小的参考；
6. 市值是衡量一个国家或地区资本市场乃至经济实力的标尺。

二、市值管理的内容

在施光耀、刘国芳编著的《市值管理论》中，将市值管理归结为三个方面的内容：价

值创造、价值经营和价值实现。市值管理就是要使价值创造最大化、价值经营最妙化、价值实现最优化，最终实现股东价值最大化。

图52

简而言之，所谓市值管理是指上市公司建立一种长效组织机制，致力于追求公司价值最大化，为股东创造价值，并通过与资本市场保持及时、准确的信息交互传导，维持各关联方之间关系的相对动态平衡，将企业经营发展、资本市场运作、利益相关方管理三方面管理相结合的战略管理模式。其涉及的金融方案、工具众多，如并购重组（见图53）、股权质押、回购等综合的投融资方案，股指期货、融资融券、大宗交易等证券交易方案。

当并购成功时，市场占有率和利润的提高也会带来市值的提高；另一方面也体现企业的高成长性，会有更高的市盈率，也会促进市值的增加。这是产业并购与市值增长的良性循环。

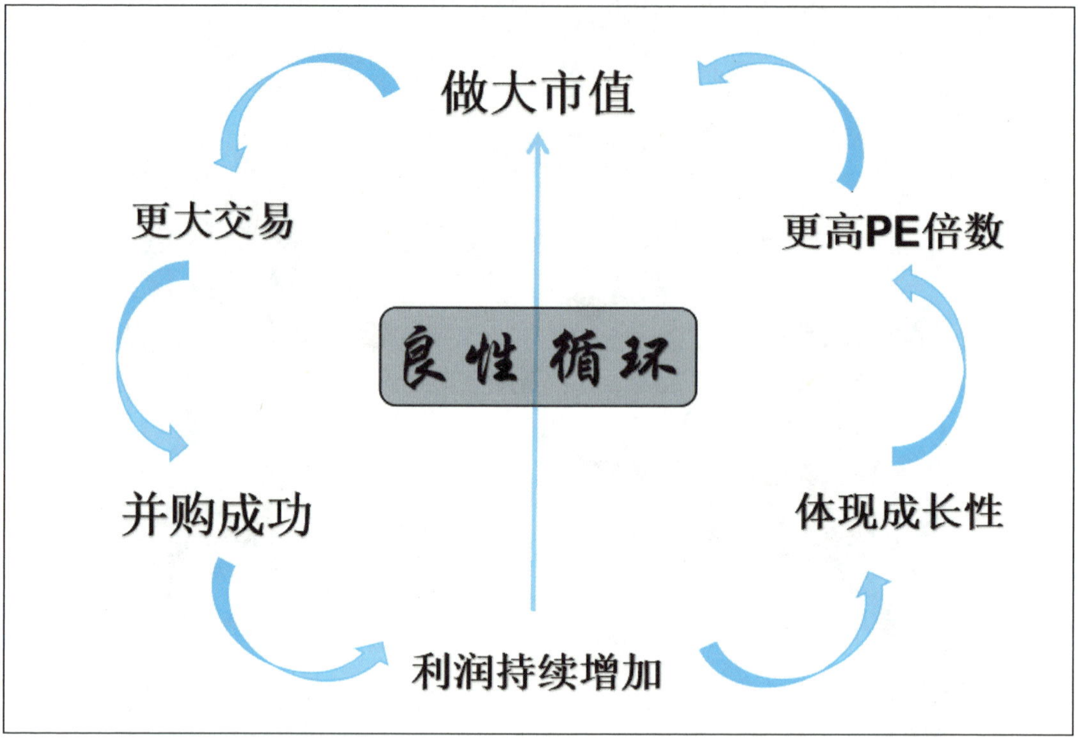

图53

三、市值管理与股价操纵之间的十大差别

市值管理与股价操纵（特指披着市值管理马甲的伪市值管理真股价操纵）有什么关系呢？答案是没有任何关系。虽然市值与股价有一定的关联，根据“市值=股价×股本”公式，假如股本不变，股价高则市值大，股价低则市值小，但市值管理与股价操纵却风马牛不相及。究竟市值管理与股价操纵有何本质区别？除基本定义不同以外，《中国证券报》早已列出市值管理与股价操纵存在以下十大本质差别。

（一）动机有别

市值管理的动机是实现企业价值最大化，而股价操纵则追求股票价格最高化。股价操纵的动机直接又简单，就是炒高股价，越高越好，即便在操纵过程中，有时也免不了会打压股价，但那只是策略，不改变其不断推高股价的根本目的，因为股价被推得越高，操纵者的获利就越丰厚，操纵者出货也越方便。

炒高股价在一定意义上固然可以增加市值，产生做大市值之效，但这种市值并不代表企业价值的真实市值。这样的市值不真实，因为它是虚幻的，“没有业绩支撑”的股价只是泡沫，说破就破，且泡沫越大，破灭越烈；不真实，也因为它是“短命”的，资本市场里本来就没有只涨不跌的股票，被人为炒高的股价只会加速跌落。

通过股价操纵带来的市值不但无助于实现企业价值最大化，反而有损于企业价值最大化，原因十分简单，因为股价被人为炒作，炒得越高，跌得越惨，不但会令股价“赔了夫人又折兵”，而且会严重挫伤上市公司可持续发展的元气。股市里不乏此类案例：庄家恶炒时股价飞上九天云霄，庄家熄火后股价跌落九层地狱，还导致上市公司资本市场运作能力长期丧失，持续经营能力严重受损，股价暴涨、暴跌是企业价值的重大毁灭器。

反观市值管理，实现企业价值最大化，其动机内涵更丰富、更长期，也更综合。做大市值固然是强调企业价值最大化的题中应有之义，但是，这个“大”绝非规模之大，非单一规模之大，亦非短期规模之大。实现企业价值最大化强调市值的长期持续健康成长，追求企业内在价值与市场价值的比翼双飞。因此，市值管理除了要发挥市值规模放大器作用以外，还要当好市值涨跌的减震器、估值泡沫的防爆器、内在价值的生长器等。

总之，只追求股票价格最高化的，不是市值管理。

（二）主体有别

市值管理与股价操纵在主体上也是天差地别，具体体现在多个层面上。

（1）实施主体：市值管理的实施主体是上市公司经营团队，尽管市值管理离不开上市公司大股东的参与和支持。依照信托精神，股东们将上市公司托付给经营团队管理，经营团队受人之托经营公司，开展市值管理，这既是经营团队履行信托义务的体现，也是经营团队做强企业、实现企业价值最大化的切实举措。而股价操纵的实施主体则是上市公司大（控股）股东。监管部门近年来披露的一起起股价操纵案无一例外地都与大（控股）股东有关。

（2）决策主体：市值管理的决策主体是上市公司董事会，乃至股东会。市值管理事关上市公司的长远发展，事关数以亿计的公司价值，事关上市公司的战略资源配置，因此，市值管理无小事，根据《公司法》和上市公司章程，重大事项决策需要提交董事会和股东会。而股价操纵则不同，其决策主体是大（控股）股东。

（3）参与主体：市值管理的参与主体有一帮人，其中包括董事长和董事会其他成员、总经理和经营团队相关人员、董事会秘书和其他相关人员，大家共同参与，分工合作，各司其职。中国台湾著名企业管理咨询机构“精通咨询”甚至提出，在价值导向深入人心的企业里，人人都应是“价值经理”。然而，股价操纵的参与主体则不同，多是一个人，这个人常常就是大（控股）股东本人，或者最多加上其左膀右臂两三个人。

（4）受益主体：市值管理的受益主体是上市公司及其全体股东。随着企业价值的提升，上市公司综合竞争实力得到增强，包括中小投资者在内的上市公司全体股东都能受益，共同分享权益市值提升的财富效应。但股价操纵的受益者只是个别股东，准确地说就是大（控股）股东及其串通者，上市公司不会从股价操纵中得到核心竞争能力的增强，享受到任何益处。

总之，只有大（控股）股东一个人决策、参与和享受的，不是市值管理。

（三）属性有别

市值管理是战略工程，而股价操纵则是临时的战术行为。北京大学出版社2008年出版的《市值管理论》明确指出："市值管理是上市公司基于市值信号，顺应市场规律，综合运用多种科学管理方法与手段，实现公司价值创造最大化、价值实现最优化的战略管理工程"。正如中国证监会前副主席庄心一同志曾经公开强调的那样，市值管理"不是短期的、碎片式的行为"。市值管理的战略工程特质表现为：放眼长远，一管管几年；高屋建瓴，统领全公司；既有包括科学论证、慎重决策、长远规划和组织落实等的操作流程，也有包括目标、组织、制度、考核和激励等的配套机制。

相反，股价操纵则是一种临时的战术行为，纯粹以"项目"为单位。项目启动，方有行动；项目结束，便无行动。股价操纵只谋求眼前利益，没有长期打算。

总之，只看眼前利益、不顾长远发展的，不是市值管理。

（四）原理有别

市值管理的基本原理在于优化管理、创造企业价值，而股价操纵则在于干扰管理、牟取不当利益。一家企业从有限责任公司改造成股份公司，最后成为上市公司，经历的是一种脱胎换骨式的升华，标志着企业从卖商品时代进入了卖企业（股权）时代。在这个全新时代里，企业使命更新了，从让企业挣钱变成让企业值钱；企业发展平台拓展了，从商品市场一个市场变成商品市场和资本市场两个市场；企业价值导向升级了，由利润导向变成了市值导向。适应全新时代，实现更大发展，客观地要求上市公司优化管理，其中包括延长管理链条、丰富管理内容、创新管理方法、健全管理机制和提高管理艺术。这个优化管理的过程就是践行市值管理的过程，也是创造企业价值、实现企业价值最大化的过程。

而股价操纵则不然。为了推高股价获取不当利益或转嫁风险，股价操纵者或滥用职权，或利用优势，干扰甚至践踏上市公司正常经营秩序，或让上市公司并购本不该并购的资产，或让上市公司实施本不该实施的高送转方案，或让上市公司投资本不该投资的项目等以编制"利好"刺激股价。股价炒高后，操纵者如愿以偿，扬长而去，留下一地鸡毛给资本市场，导致上市公司管理机制遭到破坏，甚至陷入瘫痪，企业价值严重毁灭。此类让上市公司乃至整个资本市场和广大投资者为个别操纵者买单的案例，在A股和港股市场上俯拾皆是。

总之，靠破坏企业管理秩序来推高股价的，不是市值管理。

（五）时间有别

无论是在行动启动时间，还是行动持续时间上，市值管理与股价操纵也都存在根本不同。

就行动启动时间而言：市值管理不选择时辰，但越早越好。因为行动早启动意味着市值导向早导入，战略目标早明确，管理内容与方法早创新，上市公司及其股东早受益。市值管理一旦启动，上市公司便有许多事要干，有战略规划方面的，有制度建设方面的，有模式创新方面的，不一而足。而对股价操纵来说，行动的启动时间往往要适应股价操纵项目的条件和要求，早启动并不一定就是好，贵在恰到好处。例如，配合增发的股价操纵项目启动时间要看增发申请获批时间表；配合减持的股价操纵项目启动时间要服从股权的解禁与减持时间表。

就行动持续时间而言：对于市值管理，战略管理工程的基本属性决定了它是一项长期工程，因为战略从形成到收官需要经过战略制定、战略部署、战略推进、战略优化和战略目标实现等多个步骤，短则覆盖三至五年，长则管到五至八年，而一个战略的完成之日又是另一个新战略的开启之时，所以，市值管理只有起点，没有或者不应该有终点，它绝对不是兔子的尾巴，不是持续不了几天的“短平快”项目；但对股价操纵而言，它却是一种短期行为，强调速战速决，项目一结束便偃旗息鼓，猢狲四散。

总之，三下五除二就收场的，不是市值管理。

（六）平台有别

市值管理的平台主要在一级市场，而股价操纵的平台则集中在二级市场。随着市场对市值管理研究和理解的不断深入，上市公司市值管理的内容清单也在不断延长，但是，这些内容无论是生产管理层面、资本运作层面、公共关系层面，还是考核激励层面，都集中在一级市场，都不直接插手股票二级市场，更不直接作用于股票价格。而股价操纵则恰恰相反，它的一切行为全部聚焦于股票二级市场，直接作用于股票价格。虽然有的股价操纵案也在战略规划、投资者关系、收购兼并等方面有所行动，但这一切都只是为了刺激股价，并不是为了真正优化公司发展战略、提高公司透明度、优化分析师关系或增强行业竞争能力。

总之，将行动直接作用于股价的，不是市值管理。

（七）抓手有别

市值管理的两个核心抓手是盈利和估值，但股价操纵抓的只是股价。作为上市公司综合实力的结晶，市值反映的因素纷繁复杂。因此，以优化影响市值的因素为己任的市值管理，其内容的丰富性和复杂性不言自明。怎样在错综复杂的世界里抓住主要矛盾，打蛇打七寸？市值的形成公式，也是计算公式“市值=净利润×市盈率”告诉我们，盈利和估值是市值管理的两个核心抓手。抓住盈利能力这个牛鼻子，顺藤摸瓜，先摸到商业模式、营收规模、创新能力、成本管控、成长潜力和行业影响力等，再往上摸到战略创新、组织创新、考核创新和激励创新等；抓住了估值水平这条红丝线，顺线而上，先摸到公司治理、信息披露、市场预期、公司透明度和品牌美誉度等，再往上摸到投资者关系、分析师关系、媒介关系和危机管理等，真所谓提纲挈领，纲举目张，便可确保增强企业盈利能力和提升企业估值水平两大市值管理核心任务的顺利完成。

而对股价操纵来说，抓手是股价，操纵对象还是股价。操纵者绞尽脑汁琢磨的问题只有一个，即怎样把股价做上去。为此不惜利用其资金、信息等优势或者滥用职权，扰乱证券市场秩序。

总之，只抓股价的，不是市值管理。

（八）效应有别

效应分析可从效果和见效周期（速度）两个层次来展开。就效果来说，市值管理，性温，无副作用，它关注整个脏腑功能的增强，有助于上市公司长远发展，有助于公司市值的持续健康成长；而股价操纵性烈，有副作用，它头痛医头、脚痛治脚，能推高股价，但只能管一阵子，且会给公司的长远发展和市值的持续健康成长带来伤害。就见效周期（速度）而言，市值管理见效较慢，立竿不能见影，但持续时间较长；而股价操纵则奏效较快，立竿就能见影，但持续时间较短。

总之，立竿就能见影的，不是市值管理。

（九）保障有别

市值管理以阳光化的制度建设为成功保障，而股价操纵则以躲避阳光为安全保障。

凡事要成功都须有保障。市值管理也不例外，要想有序且有效地展开，离不开一套专门的制度保驾护航，即市值管理制度。虽然其表现形式因企而异，但基本内容大同小异，主要包括决策机制、组织机制、考核机制、激励机制和信息披露机制等若干项机制。市值管理制度的最大作用，也是基本原理即阳光化，让每一个参与者都有章可循，对号入座，知道自己该做什么、怎么做；它让每一个投资者都有知情渠道，通过信息披露及时了解公司正在做什么、要向哪里去；它让市值管理实践成为一项战略有方向、决策有流程、战术有方法、行为有规范的阳光工程。阳光是最有效的防腐剂。

而股价操纵则恰好相反。完全游走在法律红线之外使得它不能见阳光，也不敢见阳光，因为一见阳光，就会原形毕露，受到制裁。为了避免败露在阳光下，尽最大可能不留下痕迹，因此，股价操纵没有制度，只有潜规则，这个潜规则常常表现为只能放在抽屉里的一纸“抽屉协议”，或者是不能采用文字表达的一句口头承诺。

总之，没有阳光化制度建设的，不是市值管理。

（十）政策环境有别

市值管理受政策鼓励，股价操纵则遭政策严打。

作为市场创新之举，市值管理多年来一直受到市场的关心和政府的支持。2014年5月，国务院在新“国九条”中明确提出“鼓励上市公司建立市值管理制度”；同年12月，时任中国证监会副主席的庄心一同志在“2014凤凰财经峰会圆桌论坛”上明确表示，“将根据公司自治、依法合规、充分信息披露等基本原则，支持上市公司开展市值管理，通过简政放权、完善规则为上市公司创造有利于长期价值提升的制度环境”；2015年4月，国务院国资委发文强调，中央企业要“用好市值管理手段，盘活上市公司资源，实现资产价值最大化”；2017年3月国资委主任肖亚庆同志在两会记者会上再次明确提出，“央企要加强包括市值管理在内的各项措施，把上市公司做优”。

相反，股价操纵是被写入《中华人民共和国证券法》（以下简称《证券法》）的“过街老鼠”，长期以来一直被监管部门严打，并被明确列入市值管理的“三条高压线”——虚假披露、内幕交易和市场操纵，触犯这“三条高压线”即为违法，就将成为“坚决依法打击”的对象。

总之，触犯“三条高压线”的，不是市值管理，而是违法。

综上所述，市值管理与股价操纵两者存在本质差别。虽然近年来股价操纵者们热衷于披市值管理马甲，但马甲不是融合剂，它并没有令市值管理与股价操纵相互融合；马甲不是魔术衫，它既没有让股价操纵变成市值管理，也不会让市值管理变成股价操纵；马甲不是迷彩服，它掩盖不住股价操纵的狐狸尾巴；马甲更不是救生衣，它不能保护股价操纵行为免受法律制裁。

四、港股四大“财技”与A股有所不同之处

与A股市场拥有定向增发、配股、送转股和缩股等资本市场操作方法相似，港股市场也允许上市公司进行配售、供股、分拆和合并等操作，但两者也有不少不同之处，对于港股投资者而言不可不察。港股资本市场的这四大“财技”，往往也成为市值管理中的一种手段，为大家介绍这“四大”财技的目的是让大家更深入了解市值管理。

（一）配售

配售类似于A股的定向增发，指上市公司委任配售代理，向机构或专业投资者发行股票的行为。港股配售需要公司公开披露获配售人士的姓名，这一点与A股相同。港股上市公司配售需提前向港交所申请，港交所一般会予以同意。配售量或价格折让如果不高于20%，就不需要股东大会提前审批；如果高于20%，则需要股东大会的特别授权。

港交所将配售认定为商业行为，不设锁定期限，公司可自愿锁定并在公告中公布。除了普通配售之外，港股还有大折价配售、先旧后新等方式，上市公司可自行选择合适的方式进行配售。而A股的定向增发需要证监会审核，且定增价格不得低于前20个交易日均价的90%，同时还需要股东大会的审批同意，增发股份有锁定期限，且只有一种增发方式。

（二）供股

供股类似A股的“配股”，指向现有证券持有人做出供股要约，持有人可按现有证券的认购比例进行认购。如果投资者不进行供股处理，则现有权益将被稀释。公司供股需提交港交所审核，一般不会被驳回。供股股份数目或市值若超过50%，则还需要股东大会的批准。投资者之间可以交易供股权。A股配股同样需要证监会审核同意，同时还必须经过股东大会审批同意，投资者不可以交易配股权。

（三）分拆

分拆指上市公司增加已发行股份数量，并按照比例将现有股票分拆为多份股票，分拆后股票的市价将按比例调低。股票分拆一般说明公司的股票行情看涨，市场价格远远超过其票面价值，已经达到一般投资者无法承担的水平。此时公司往往通过股份分拆来增加流动性，因为分拆后股票面值降低，股本增加，从而吸引更多的一般投资者参与交易。港股分拆的实质是通过技术手段对股份直接分割，将大面值股票拆分为几个小面值的股票。而A股的送转股实质则是股东权益的内部结构调整，所送股份或转增股来自公司留存收入。

（四）合并

合并指上市公司减少已发行股份数量，并按比例合并现有股票成为新股票，合并后股份的市场价格将按比例提高。合并一般反映出公司的股票行情不容乐观，市场价格已经临近交易所的停牌线或者摘牌线。港股的最低交易价为0.01港元，如果股票在此价格附近连续多日没有成交量，那么该股票可能被停牌甚至摘牌。一些公司为了“保壳”，会采取合并的方式来进行自救。因此投资者应该提高警惕，注意合并股份是否为“老千股”。港股的股份合并主要发生在个股股价下跌过低、接连多日无成交量、公司需要暂时脱离被摘牌困境时。而A股的缩股则主要发生在公司股改、重组或者破产重整过程中。

五、“2018年度中国上市公司市值管理绩效百佳榜”概述

市值大小不仅影响到股东个人财富的变动，还影响公司的并购整合能力，如果公司的市值是80亿元，就可以通过增发10%的股份收购一家8亿元规模的公司；如果公司的市值仅为20亿元，面对8亿元规模的公司恐怕将束手无策，因为如果增发40%的股份将会面临控制权的丧失，同时市值还将影响公司的再融资能力，到时只能将股权质押给券商或信托公司来借款。

“2018年度中国上市公司市值管理绩效百佳榜”中，寒锐钴业、东尼电子、方大炭素、华友钴业、贵州茅台、鸿特精密、健友股份、康泰生物、赣锋锂业、艾德生物位居前十。

数据显示，考察年度内，A股市场平均市值管理绩效水平实现微增，平均得分为44.98分，较上一年度上浮0.06分。“百佳”公司作为其中的优秀群体，绩效提升更为显著，平均得分达70.85分，较上一年高出3.64分。

2018年度中国上市公司市值管理绩效报告指出，2018年度“百佳”公司价值创造和价值实现能力表现喜人。价值创造平均得分达75.75分，创近12年新高，较上一年度增加5.51分。价值实现扭转上一年度的低迷态势，平均得分68.79分，较上一年度增加4.64分。

从结构来看，“百佳”公司有较大变化。其中，上榜公司新老更替变化较为明显，只有少数公司能够保持较高的市值管理绩效水平从而多次上榜，贵州茅台是唯一一家年年上榜的公司。从行业结构来看，今年化学制药行业表现最优，有9家公司入榜。从市场板块结构来看，沪市主板的“百佳”公司数量延续增长势头，而中小板则持续下滑。从所有制结构来看，民营企业保持了“百佳”公司的主导地位。从地区结构来看，在全国各个省市自治区中，浙江、广东、江苏、北京四大省市占据“百佳”公司半壁江山，分别有20家、19家、9家、6家公司入榜。

中国上市公司市值管理研究中心根据自己研发的市值管理绩效评价指标体系，从2007年起每年度对A股上市公司的市值管理绩效进行分析排名，主要指标包括价值创造、价值实现、溢价因素和价值关联度，以及相应的次级指标。2019年是连续第12年推出市值管理绩效百佳榜，完全根据客观数据排列，指导作用明显，颇受业界认可和好评。

在笔者编著的《做精一只股（彩图版）》一书中第100页（第三章第八节：健康发展看治理）提到：投资者可从“上市公司优秀排行榜”中的例如“中国上市公司最具价值投资100强”“中国上市公司诚信企业100强”“中国上市公司最具竞争力企业”“中国上市公司最受尊敬的企业家”“福布斯中国潜力上市公司100强”“中国上市公司潜力企业TOP10”等一年一度的分类评估排行榜中找到选股的依据。

“2018中国上市公司最具竞争力企业100强”榜单（见表1）：

表1　2018年中国上市公司最具竞争力企业100强

股票代码	股票简称	细分行业	注册地	产权性质	2018年百强榜排名
601318	中国平安	保险	广东	混合	1
600519	贵州茅台	白酒	贵州	国有	2
600104	上汽集团	汽车整车	上海	国有	3
601601	中国太保	保险	上海	国有	4

（续表）

股票代码	股票简称	细分行业	注册地	产权性质	2018年百强榜排名
000333	美的集团	家用电器	广东	民营	5
000002	万科A	全国地产	广东	混合	6
002415	海康威视	电器仪表	浙江	国有	7
600276	恒瑞医药	化学制药	江苏	民营	8
000651	格力电器	家用电器	广东	国有	9
000858	五粮液	白酒	四川	国有	10
603288	海天味业	食品	广东	民营	11
600585	海螺水泥	水泥	安徽	国有	12
300750	宁德时代	电气设备	福建	民营	13
600019	宝钢股份	普钢	上海	国有	14
002352	顺丰控股	仓储物流	广东	民营	15
601360	三六零	互联网	江苏	民营	16
002304	洋河股份	白酒	江苏	国有	17
600887	伊利股份	乳制品	内蒙古	混合	18
300760	迈瑞医疗	医疗保健	广东	民营	19
601888	中国国旅	旅游服务	北京	国有	20
600009	上海机场	机场	上海	国有	21
603259	药明康德	化学制药	江苏	民营	22
002142	宁波银行	银行	浙江	国有	23
002027	分众传媒	影视音像	广东	民营	24
600690	青岛海尔	家用电器	山东	集体	25
000063	中兴通讯	通信设备	广东	国有	26
600309	万华化学	化工原料	山东	国有	27
000895	双汇发展	食品	河南	民营	28
000538	云南白药	中成药	云南	混合	29
601933	永辉超市	超市连锁	福建	民营	30

（续表）

股票代码	股票简称	细分行业	注册地	产权性质	2018年百强榜排名
300122	智飞生物	生物制药	重庆	民营	31
300015	爱尔眼科	医疗保健	湖南	民营	32
002475	立讯精密	元器件	广东	民营	33
600332	白云山	中成药	广东	国有	34
600518	康美约业	中成约	广东	民营	35
600703	三安光电	半导体	湖北	民营	36
601009	南京银行	银行	江苏	混合	37
000568	泸州老窖	白酒	四川	国有	38
600741	华域汽车	汽车配件	上海	国有	39
002120	韵达股份	仓储物流	浙江	民营	40
600660	福耀玻璃	汽车配件	福建	民营	41
300003	乐普医疗	医疗保健	北京	民营	42
000963	华东医药	化学制药	派工	民营	43
601877	正泰电器	电气设备	派工	民营	44
002230	科大讯飞	软件服务	安徽	混合	45
002450	康得新	化工原料	江苏	民营	46
600436	片仔癀	中成药	福建	国有	47
600377	宁沪高速	路桥	江苏	国有	48
601012	隆基股份	半导体	陕西	民营	49
002841	视源股份	元器件	广东	民营	50
600085	同仁堂	中成药	北京	国有	51
002032	苏泊尔	家用电器	浙江	民营	52
002236	大华股份	电器仪表	浙江	民营	53
002422	科伦药业	化学制药	四川	民莒	54
002008	大族激光	电器仪表	广东	民营	55
600176	中国巨石	玻璃	浙江	国有	56

（续表）

股票代码	股票简称	细分行业	注册地	产权性质	2018年百强榜排名
002466	天齐锂业	小金属	四川	民营	57
600487	亨通光电	通信设备	江苏	民营	58
002456	欧菲科技	元器件	广东	民营	59
002311	海大集团	饲料	广东	民营	60
002007	华兰生物	生物制药	河南	民营	61
600535	天士力	中成药	天津	民营	62
002001	新和成	化学制药	浙江	民营	63
300144	宋城演艺	旅游景点	浙江	民营	64
601021	春秋航空	空运	上海	民营	65
300146	汤臣倍健	食品	广东	民营	66
000661	长春高新	生物制药	吉林	国有	67
603799	华友钴业	小金属	浙江	民营	68
600570	恒生电子	软件服务	浙江	民营	69
600233	圆通速递	仓储物流	辽宁	民营	70
002179	中航光电	元器件	河南	国有	71
600566	济川药业	中成药	湖北	民营	72
601869	长飞光纤	通信设备	湖北	国有	73
600867	通化东宝	生物制药	吉林	民营	74
000418	小天鹅A	家用电器	江苏	民营	75
000596	古井贡酒	白酒	安徽	国有	76
600809	山西汾酒	白酒	山西	国有	77
002468	申通快递	仓储物流	浙江	民营	78
000423	东阿阿胶	中成药	山东	国有	79
000413	东旭光电	元器件	河北	民营	80
603899	晨光文具	文教休闲	上海	民营	81
300136	信维通信	通信设备	广东	民营	82

（续表）

股票代码	股票简称	细分行业	注册地	产权性质	2018年百强榜排名
002773	康弘药业	中成药	四川	民营	83
603885	吉祥航空	空运	上海	民营	84
603658	安图生物	医疗保健	河南	民营	85
000786	北新建材	其他建材	北京	国有	86
600699	均胜电子	汽车配件	浙江	民营	87
603515	欧普照明	电气设备	上海	民营	88
600201	生物股份	生物制药	内蒙古	民营	89
002405	四维图新	软件服务	北京	民营	90
002271	东方雨虹	其他建材	北京	民营	91
002508	老板电器	家用电器	浙江	民营	92
002384	东山精密	通信设备	江苏	民营	93
603939	益丰药房	医药商业	湖南	民营	94
002340	格林美	小金属	广东	民营	95
002507	涪陵榨菜	食品	重庆	民营	96
600315	上海家化	日用化工	上海	混合	97
002078	太阳纸业	造纸	山东	民营	98
600056	中国医药	医药商业	北京	国有	99
300009	安科生物	生物制药	安徽	民营	100

研究团队把企业竞争力划分为三个维度，并进一步分解为多因素评价体系：成长性（过去），指标包括近年的净利润、营业利润、营业收入、经营现金流、股票市值的复合增长率等；成长性（未来），指标包括行业地位、行业空间、市场容量等；稳健性，即公司治理是否良好，包括地区环境、股权结构、透明度和公司规模。夏立军教授提出，和去年的榜单相比，今年的榜单筛选更加严格。“即使是当下热门、发展前景巨大的科技类A股公司，如果财务指标上未能达到我们的标准，我们也不能将其纳入榜单中。”

从行业看，榜单中医药大类的公司有20多家，说明医药类企业的成长性和稳健性较好，竞争力较强；从地区看，榜单中来自广东、浙江、江苏、上海、北京的上市公司最多，占了百强榜单的一半以上，充分说明上市公司竞争力的地区集聚；从企业性质看，榜单中民营上市公司占了一半以上，充分体现了资本市场上民营经济的活力。

与2017年相比，本次榜单排名不要求公司上市时间超过3年，但依然要求公司市值超过100亿元，其中市值超过5000亿元的公司仅有2家，大部分榜单公司的市值处于200亿～2000亿元之间。为了更好地反映上市公司中的优秀企业，将宁德时代、迈瑞医疗等新上市企业纳入榜单。

榜单使用说明：

（1）榜单企业大部分都是各细分行业的龙头企业，具有较强的成长性和稳健性，竞争力较强；

（2）榜单未对股票估值的合理性进行评价；

（3）榜单可供社会各方尤其是上市公司和投资者参考，但榜单本身不构成直接的投资建议。

笔者寄语

在北京、上海和深圳，有很多家做市值管理的第三方机构（中介机构），这些机构针对A股和港股市场，以及国内企业在纳斯达克上市的公司。特别是港美市场中的“仙股”较多，因持续低迷的成交量而无人问津，若是不做市值操纵来激活流动性，那么上市公司将失去再融资或逢高价减持套现的机会。由此，一些上市公司以空手套白狼的形式与中介机构达成协议。简单地说，例如上市公司以股票数量作为押金给到中介机构，中介机构第一步通过该股票数量向市场筹资，第二步拿到筹款去并购“早已培育好的相关公司”作为资产包，第三步在每一两年内并购成功一家，第四步就是炒高股价，第五步实现中介机构在中间获利股票的差价以及上市公司大股东再增发、高送转、减持等形式套现。“资产包”是指中介机构在日常物色或亲手培育与包装的中小企业，最终都离不开割投资者的“韭菜”。将来在科创板中，上述提到的种种现象，必会成为投资者的一大投资障碍，希望读者朋友们能丰富专业知识，方能规避风险。

第六节
操纵做空风险

大多数人没想过港股“向下炒”也能盈利吧，在上市公司做市值管理操纵之前，不排除会先压低股价，从而出现“向下炒”的现象。在本节中笔者要提醒大家的是，对于在低位一直横盘、低价和低成交量的科创股，要提防被人操纵。

对比中国内地众多股民与港股投资者，内地股民更喜欢低价便宜股、从众心理较严重、易受第三方和概念影响、爱打听花边新闻（小道内幕消息），甚至朋友圈信息对股票买卖也会产生较大影响。而港股投资者则重业绩、重派息比例。当然，这也是因为A股一直偏向于国家政策，受政策影响较大，没有完全市场化，但采用注册制的科创板成立，正是迈进市场化的重大改革。

所谓“向下炒”其实就是卖出股票，俗称“出货”，大股东或庄家在股价高位不停出货，当价格被压至极低时，他们再用配股或供股的方式补回于高位卖出的股份。

由于这类公司平常的成交量不多，股价很容易被舞高弄低。大股东和庄家也可能先将股价炒高，然后便开始以抛售的方式将股价“向下炒”。

案例：港股高山企业（0616.HK）。

图54中的月K线（从上市至今）所标记中的“S”细分为：2009年10月7日（每10股合1股后1股供4股），2011年2月1日（每2股供1股、每股0.35港元），2012年9月4日（每2股供1股、每股0.077港元），2012年12月12日（每20股合1股后1股供5股、每股0.4港元），2014年10月22日（每10股合1股后1股供8股、每股0.7港元），2015年3月25日（第20股合并为1股）。就这样一直不断地大幅度折让配股和供股反复倒腾，大股东或操纵者从中获利。

假定某只股票的股价1元、总股本1亿股、总市值1亿元，大股东控股比例75%。假设大股东卖掉24%的股票，股票暴跌至0.1元，同时大股东用24%的股权，换来2400万元现金。为了集中货源，公司突然宣布供股：1股配4股，配股价0.02元，相比当前股价折让80%，假定所有散户不参与，只有公司大股东按0.02元的价格全额参与供股，大股东只需要花408万元［5100万（原有股本）×4×0.02（元）］便可换回卖出的股权。

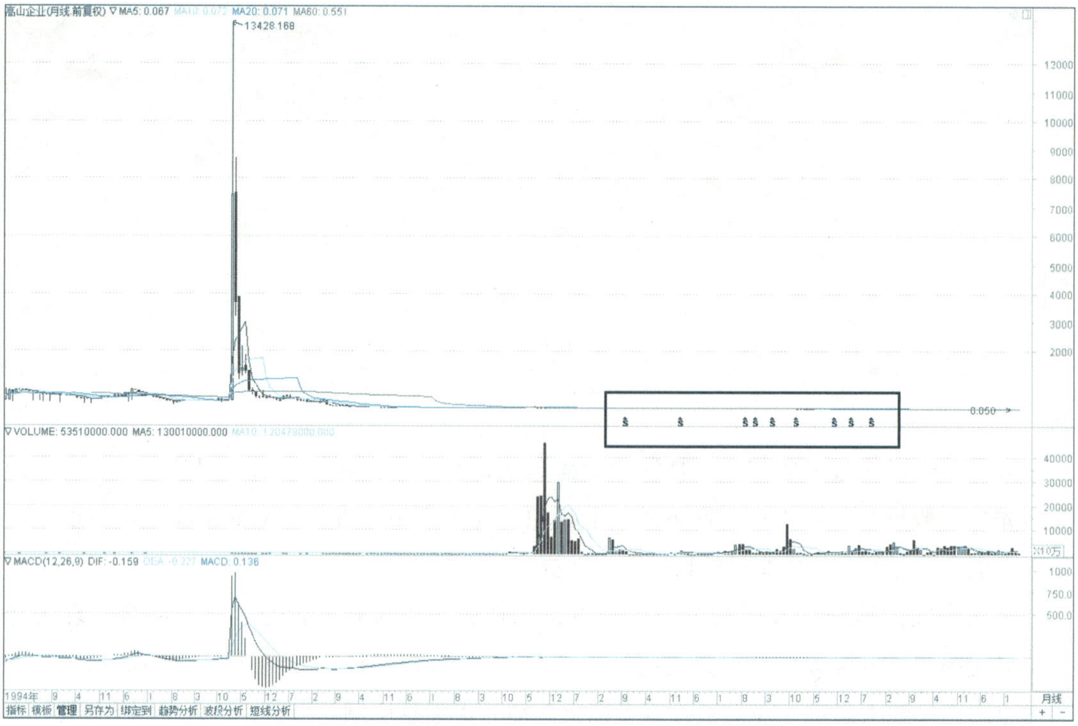

图54

而供股完成之后公司总股本变为3.04亿股［0.51亿（大股东原有股本）+2.04亿（大股东配股股本）+0.49亿（散户总股本）］，最后一算大股东持股比例变为83.8%，而散户原本50%的持股比例变成了不足17%。

408万元就可以换得以2400万元卖出的股权，并且可以再次拥有绝对话语权，这么一来大股东又可以开始新一轮的沽货了。假设股价跌到0.01港元跌无可跌的时候，大股东便进行合股例如10合1，股价瞬间变回0.1元，又有“向下炒”的空间。

这种“向下炒”的概念在某种程度上是冲着价值投资的概念。试想一下，就算公司股价一直跌，如果背后没有资产或壳价去支撑，也不会吸引到散户进场接货的。所以有时候便宜莫贪，先看一看公司过往供股或合股的记录再作决定。

2016年香港证监会和港交所就曾发新闻明确表示：要关注这类严重损害小股东利益的运作方式。但其实并不是所有供股与合股都是“向下炒”的，在市场上还有一种叫“供干”的情况。即大股东与所谓的独立第三方通过多次供股合股后，使得公众投资者占股比例大幅下降，等待牛市把股价炒高减持套现。

“供干”与“向下炒”的主要区别：刻意供干的公司可能通过多次供股，直到小股东弹药尽失不能继续供股，甚至以溢价令小股东主动放弃供股。

笔者寄语

注意当股价连续大幅度下跌后，上市公司又启动一系列股权运作。例如大比例合股，大折让供股等。大折让供股的消息宣布后，常会伴随新一轮的股价下跌，这时“向下炒”的人，就可以顺利在低位大量买入，或者通过参与供股补回在高位卖掉的股票。特别是“仙股”更容易使人中招。

在未来的科创板当中，只要你认可未来“市值管理操纵”和“仙股”的存在，那么就不要否认“向下炒”压低价格的意图，虽然内地市场的交易制度与香港有所不同，但不排除有另一种做法，而动机和目的或许都一样。特别是对于“港股通”，投资港股的交易者一定要提防上述风险（港股通开户资格见图55）。

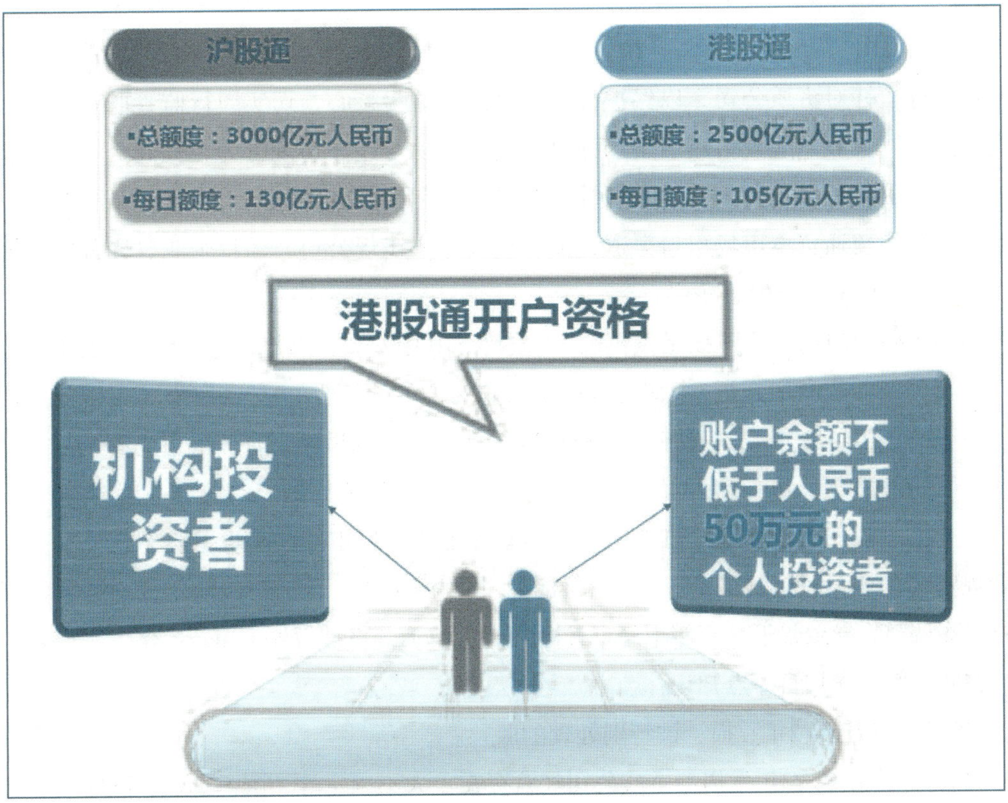

图55

第七节
频现退市风险

众所周知，中国内地A股市场的退市制度越来越完善，也出现越来越多的退市股。本节笔者就详细地阐述关于退市的一些细节，希望大家往后能尽量规避退市股的风险。

一、2019年5月5日，上交所发布沪市上市公司2018年年报整体分析报告

报告称，针对劣质公司，以保护投资者合法权益为核心，切实履行监管职责，重点打击财务造假、大股东违规占用、市场操纵、内幕交易等违法违规行为，提高资本市场违法违规成本，促使相关各方归位尽责，维护市场秩序和诚信基础。同时，进一步“落实完善退市制度”，疏通资本市场出口渠道，加快重大违法违规公司、僵尸企业、壳公司等劣质企业的出清，促进市场生态净化。

2019年4月26日，8只“披星戴帽股”①复牌，其中7只一字跌停。其中暂停上市的乐视网，这只曾经的明星股在近5个交易日股价大跌33.2%。*ST股在4月底迎来了关键期。据统计，截至2019年4月27日，A股有21只*ST股存在暂停上市的风险。暂停上市尚有恢复上市的可能，但如果暂停上市一年后继续亏损，上市公司将面临直接退市。

创业板股票虽然不会有“ST”前缀，但暂停上市与退市的风险也不容忽视。根据深交所的规定，创业板股票若最近一年年末经审计净资产为负（包括对以前年度财务会计报告进行追溯调整，导致最近一年年末经审计净资产为负），将被暂停上市。

在此，笔者先扫盲一点知识：

“ST”是指连续2年亏损、被特别处理的股票。

“*ST”是指连续3年亏损严重或公司经营存在重大不确定性，资不抵债，随时具有退市风险的股票。

① 指由于连续两年或多年亏损而被特别处理的股票，股票名称前带有“ST”“*ST”。

图56

2019年“五一”后这一个月对一些股民来说是比较难熬的，特别是深交所一口气公布7只股票暂停上市，此外，还有4只股票面临退市。随着退市风险警示股票的大幅扩军，持有ST股的，恐怕是人人都有点自危。而港股退市“摘牌”的个股数量是A股的2倍之多。

最为经典的对话就是，某一只暂停上市股的股东大会上，有股民说，自己刚买入没几天，股票就被暂停上市，血汗钱能退多少？然后董事长毫不客气地怼回去说：“公司一直都有按规定发布暂停上市的风险提示，这种情况下还买，投资者本身就有一种赌博心态。”该董事长还说：“如果退市就没了，恢复上市可以涨好几倍。”

值得一提的是，2018年退市的4只股票包括吉恩镍业、昆明机床（2只都是连续4年亏损），还有烯碳新材（连续亏损3年，第4年扭亏，但是年报被非标），中弘股份（连续20个交易日股价低于面值）。

至于具体的退市流程，就是被交易所宣布终止上市之后，提供30个交易日的退市整理期，股票名称加个“退”字，比如“中弘退”，然后涨跌幅恢复10%。

而一般来说，进入退市整理期，是为了给股民一个卖出的机会，但是由于“退市整理期”内股价往往会大幅下跌，有些股民会不甘心，一直捂着；也有股民会买入，赌日后恢复上市的机会。特别提醒，创业板股票退市就是退市，没有恢复上市安排，在这么多年里，也就只有1只股票恢复上市，投资者应充分了解该风险。

与此同时，持有这些股票的股民还是该公司的股东，依然享有股东的权利。而如果这时甘心了，想卖出，其实也有渠道，因为退市的股票，会自动进入“老三板”（全国股转系统）进行交易，只不过你想卖出，未必就有人接盘而已，流动性非常差。将来即使有了“科转板”也一样。

二、科创板退市规则更严、执行力度更大

2019年5月23日，《中国证券报》头版文章《落实从严退市为科创板平稳运行清障》称，目前我国证券市场正处于制度创新的关键阶段，设立科创板并试点注册制实施在即。就退市政策而言，科创板的“规则更严，执行力度更大”。因此，对原有市场板块铁腕治市，落实从严退市要求，有利于净化市场文化和空气，有利于引导市场形成正向、良性预期，为科创板顺利推出和平稳运行扫清障碍。

由此可见，在退市制度方面科创板较主板更严，退市时间更短、退市速度更快，并且退市情形更多：新增市值低于规定标准、上市公司信息披露或者规范运作存在重大缺陷导致退市的情形。

同时，科创板执行标准更严，是指明显丧失持续经营能力，仅依赖与主业无关的贸易或者不具备商业实质的关联交易维持收入的上市公司可能会被退市。

图57为纳斯达克IPO与退市企业数量。

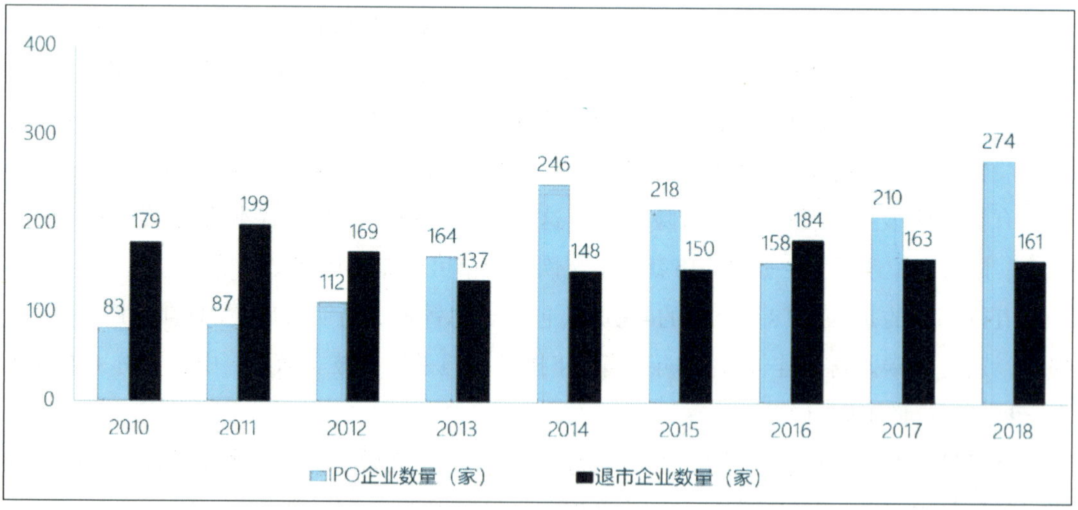

图57

三、科创板退市制度细节（摘自《上海证券交易所科创板股票上市规则》）

有耐心的朋友可以认真看完，将来在选股方面会有所帮助。

1．退市一般规定

1.1　上市公司触及本规则规定的退市情形，导致其股票存在被终止上市风险的，本所（指上交所，下统一称“本所”）对该公司股票启动退市程序。

1.2　上市公司股票被实施退市风险警示的，在公司股票简称前冠以“*ST”字样，以区别于其他股票。

上市公司股票被实施退市风险警示期间，不进入风险警示板交易，不适用风险警示板交易的相关规定。

1.3　上市公司出现两项以上退市风险警示、终止上市情形的，按照先触及先适用的原则实施退市风险警示、终止上市。

上市公司存在两项以上退市风险警示情形的，须满足全部退市风险警示的撤销条件，方可申请撤销风险警示。但已满足撤销条件退市风险警示情形，不再适用其对应的终止上市程序。

1.4　上市公司申请撤销退市风险警示的，应当聘请保荐机构就公司是否符合撤销退市风险警示的条件进行核查并发表明确意见。

1.5　上市公司股票被终止上市的，不得申请重新上市。

2．重大违法强制退市

2.1　本规则所称重大违法强制退市，包括下列情形：

（一）上市公司存在欺诈发行、重大信息披露违法或者其他严重损害证券市场秩序的重大违法行为，且严重影响上市地位，其股票应当被终止上市的情形；

（二）上市公司存在涉及国家安全、公共安全、生态安全、生产安全和公众健康安全等领域的违法行为，情节恶劣，严重损害国家利益、社会公共利益，或者严重影响上市地位，其股票应当被终止上市的情形。

2.2　上市公司涉及第2.1条第一项规定的重大违法行为，存在下列情形之一的，其股票应当被终止上市：

（一）上市公司首次公开发行股票申请或者披露文件存在虚假记载、误导性陈述或重大遗漏，被中国证监会依据《证券法》第一百八十九条作出行政处罚决定，或者被人民法院依据《刑法》第一百六十条作出有罪生效判决；

（二）上市公司发行股份购买资产并构成重组上市，申请或者披露文件存在虚假记载、误导性陈述或者重大遗漏，被中国证监会依据《证券法》第一百八十九条作出行政处罚决定，或者被人民法院依据《刑法》第一百六十条作出有罪生效判决；

（三）上市公司披露的年度报告存在虚假记载、误导性陈述或者重大遗漏，根据中国证监会行政处罚决定认定的事实，导致其相关财务指标已实际触及本规则规定的退市标准；

（四）本所根据上市公司违法行为的事实、性质、情节及社会影响等因素认定的其他严重损害证券市场秩序的情形。

2.3 上市公司涉及第2.1条第二项规定的重大违法行为，存在下列情形之一的，其股票应当被终止上市：

（一）上市公司或其主要子公司被依法吊销营业执照、责令关闭或者被撤销；

（二）上市公司或其主要子公司被依法吊销主营业务生产经营许可证，或者存在丧失继续生产经营法律资格的其他情形；

（三）本所根据上市公司重大违法行为损害国家利益、社会公共利益的严重程度，结合公司承担法律责任类型、对公司生产经营和上市地位的影响程度等情形，认为公司股票应当终止上市的。

2.4 本所上市委员会依据相关行政机关行政处罚决定、人民法院生效裁判认定的事实，按照本规则规定的标准，就是否对上市公司股票实施重大违法强制退市进行审议，作出独立的专业判断并形成审核意见。

重大违法强制退市的认定程序、信息披露要求、停复牌和听证等事宜，按照《上海证券交易所上市公司重大违法强制退市实施办法》的规定执行。

2.5 本所根据上市委员会对公司股票是否实施重大违法强制退市的审核意见，在5个交易日内作出是否终止公司股票上市的决定。

2.6 本所在作出终止上市决定之日起2个交易日内，通知公司并发布相关公告，同时报中国证监会备案。

公司应当在收到本所关于终止其股票上市决定之日起的次一交易日，披露股票终止上市公告。

公司可以在收到终止上市决定之日起5个交易日内，按照本节“听证与复核”的规定申请复核。

2.7 上市公司因重大违法强制退市情形，其股票被终止上市后，作为上市公司重大违法强制退市认定依据的行政处罚决定、司法裁判被依法撤销、确认无效或被依法变更的，公司可以在知道相关行政机关决定或者人民法院生效司法裁判后的10个交易日内，向本所申请撤销对公司股票作出的终止上市决定。

2.8 本所自收到上市公司按照前条规定提出的撤销申请之日起的15个交易日内，召开上市委员会会议，根据相关行政机关决定或者人民法院生效司法裁判，审议是否撤销对公司股票作出的终止上市决定，并形成审核意见。

本所根据上市委员会的审核意见，作出是否撤销对公司股票作出的终止上市决定的决定。

2.9　本所撤销终止上市决定的，公司股票相应还原上市地位。公司股票同时具有其他退市风险警示或者终止上市情形的，本所对其股票实施相应退市风险警示或者终止上市。

本所在作出撤销决定之日起2个交易日内，通知公司并发布相关公告，同时报中国证监会备案。

2.10　公司可以在收到本所撤销决定之日起20个交易日内，向本所申请还原上市地位。公司股份已经转入全国中小企业股份转让系统或者本所认可的其他转让场所挂牌转让的，本所在公司办理完毕其股份的重新确认、登记、托管等相关手续后安排其股票上市交易。

公司应当在其股票还原上市地位前与本所重新签订上市协议，明确双方的权利、义务及其他有关事项。公司控股股东、实际控制人、董事、监事和高级管理人员等应当签署并提交相应声明与承诺。

公司股票还原上市地位首日不设涨跌幅，不进入风险警示板交易。

3．交易类强制退市

3.1　上市公司出现下列情形之一的，本所决定终止其股票上市：

（一）通过本所交易系统连续120个交易日实现的累计股票成交量低于200万股；

（二）连续20个交易日股票收盘价均低于股票面值；

（三）连续20个交易日股票市值均低于3亿元；

（四）连续20个交易日股东数量均低于400人；

（五）本所认定的其他情形。

前款规定的交易日，不包含公司股票停牌日和公司首次公开发行股票上市之日起的20个交易日。

证券市场出现重大异常波动等情形的，本所可以根据实际情况调整本条第一款规定的交易指标。

3.2　上市公司出现连续90个交易日（不包含公司股票停牌日）通过本所交易系统实现的累计股票成交量低于150万股的，应当在次一交易日发布公司股票可能被终止上市的风险提示公告，其后每个交易日披露一次，直至自上述起算时点起连续120个交易日（不包含公司股票停牌日）内通过本所交易系统实现的累计成交量达到200万股以上或者本所作出公司股票终止上市的决定之日止（以先达到的日期为准）。

3.3　上市公司连续10个交易日（不包含公司股票停牌日）出现下列情形之一的，应当在次一交易日发布公司股票可能被终止上市的风险提示公告，其后每个交易日披露一次，直至相应的情形消除或者本所作出公司股票终止上市的决定之日（以先达到的日期为准）：

（一）每日股票收盘价均低于股票面值；

（二）每日股票市值均低于3亿元；

（三）每日股东数量均低于400人。

3.4　上市公司出现第3.1条情形之一的，其股票自情形出现的次一交易日起停牌。

本所自公司股票停牌之日起5个交易日内，向公司发出拟终止其股票上市的事先告知书，上市公司应当及时披露。

3.5　上市公司收到终止上市事先告知书后，可以根据本节“听证与复核”的规定提出听证、陈述和申辩。

本所上市委员会在前款规定的有关期限届满或者听证程序结束后15个交易日内，就是否终止其股票上市事宜进行审议，作出独立的专业判断并形成审核意见。

本所根据上市委员会的审核意见，作出是否终止股票上市的决定。

3.6　本所在作出终止股票上市的决定之日起2个交易日内，通知公司并发布相关公告，同时报中国证监会备案。

公司应当在收到本所关于终止其股票上市决定后，及时披露股票终止上市公告。

公司可以在收到终止上市决定之日起5个交易日内，按照本节“听证与复核”的规定申请复核。

4. 财务类强制退市

4.1　上市公司出现下列情形之一，明显丧失持续经营能力，达到本规则规定标准的，本所将对其股票启动退市程序：

（一）主营业务大部分停滞或者规模极低；

（二）经营资产大幅减少导致无法维持日常经营；

（三）营业收入或者利润主要来源于不具备商业实质的关联交易；

（四）营业收入或者利润主要来源于与主营业务无关的贸易业务；

（五）其他明显丧失持续经营能力的情形。

4.2　上市公司出现下列情形之一的，本所对其股票实施退市风险警示：

（一）最近一个会计年度经审计的扣除非经常性损益之前或者之后的净利润（含被追溯重述）为负值，且最近一个会计年度经审计的营业收入（含被追溯重述）低于1亿元；

（二）最近一个会计年度经审计的净资产（含被追溯重述）为负值；

（三）本所认定的其他情形。

上市公司营业收入主要来源于与主营业务无关的贸易业务或者不具备商业实质的关联交易，公司明显丧失持续经营能力的，本所可以提交上市委员会认定在计算前款规定的营业收入指标时是否扣除前述收入，并通知上市公司。

市值及财务指标上市的公司[①]（以下简称研发型上市公司）自上市之日起第4个完整会计年度起适用本条规定。

本所可以根据实际情况调整本条第一款规定的退市指标。

4.3　研发型上市公司主要业务、产品或者所依赖的基础技术研发失败或者被禁止使用，且公司无其他业务或者产品符合本规则“预计市值不低于40亿元，主要业务或产品需经国家有关部门批准，市场空间大，目前已取得阶段性成果。医药行业企业需至少有一项核心产品获准开展二期临床试验，其他符合科创板定位的企业需具备明显的技术优势并满足相应条件”要求的，本所将对其股票实施退市风险警示。

4.4　上市公司预计将出现第4.2条规定情形的，应当在相应的会计年度结束后一个月内，发布股票可能被实施退市风险警示的风险提示公告，并在披露年度报告前至少再发布两次风险提示公告。

4.5　上市公司出现第4.2条规定情形的，应当在董事会审议通过年度报告或者财务会计报告更正事项后及时向本所报告，披露年度报告或者财务会计报告更正公告，并向本所提交董事会的书面意见。公司股票自年度报告或者财务会计报告更正公告披露日起停牌。披露日为非交易日的，于次一交易日起停牌。

公司未及时披露的，本所可以在获悉相关情况后对公司股票实施停牌，并向市场公告。

本所在公司股票停牌之日起5个交易日内，根据实际情况，对公司股票实施退市风险警示。公司应当按照本所要求在其股票被实施退市风险警示前及时发布公告。

公司股票自公告披露后的次一交易日起复牌。公告披露日为非交易日的，于披露后的第二个交易日起复牌。自复牌之日起，本所对公司股票实施退市风险警示。

4.6　研发型上市公司主要产品、业务或者所依赖的基础技术宣告研发失败或者被禁止使用的，公司应当自相关事实发生之日起申请股票停牌，并发布股票可能被实施退市风险警示的风险提示公告。

公司应当在股票停牌之日起的10个交易日内，核查公司其他产品或者业务是否符合“预计市值不低于40亿元，主要业务或产品需经国家有关部门批准，市场空间大，目前已取得阶段性成果。医药行业企业需至少有一项核心产品获准开展二期临床试验，其他符合科创板定位的企业需具备明显的技术优势并满足相应条件”要求、公司是否出现第4.3条规定情形，并提交报告及披露。公司应当聘请保荐机构出具专项意见。除第4.7条规定情形外，公司

---

①　（编者注）预计市值不低于40亿元，主要业务或产品需经国家有关部门批准，市场空间大，目前已取得阶段性成果。医药行业企业至少有一项核心产品获准开展二期临床试验，其他符合科创板定位的企业需具备明显的技术优势并满足相应条件。

股票于前述报告披露日起复牌。

4.7　研发型上市公司未在规定期限内提交报告，或者核查后认为未出现第4.3条规定情形的，本所可以提请上市委员会对公司是否出现第4.3条规定情形作出认定，并通知上市公司。

公司及保荐机构核查后认为或者本所认定公司出现第4.3条规定情形的，本所自收到公司提交的相关报告或者作出认定后5个交易日内，对公司股票实施退市风险警示。公司应当按照本所要求在其股票被实施退市风险警示前及时发布公告。

公司股票自公告披露后的次一交易日起复牌。公告披露日为非交易日的，于披露后的第二个交易日起复牌。自复牌之日起，本所对公司股票实施退市风险警示。

4.8　上市公司因4.2条规定的标准，其股票被实施退市风险警示的，应当在其股票被实施退市风险警示当年的会计年度结束后一个月内，发布股票可能被终止上市的风险提示公告，并在披露该年年度报告前至少再发布两次风险提示公告。

上市公司因4.3条规定的标准，其股票被实施退市风险警示的，在其股票被实施退市风险警示期间，上市公司应当每个月披露一次风险提示公告，提示其股票可能被终止上市的风险。

4.9上市公司最近一个会计年度审计结果表明第4.2条规定情形已经消除的，公司可以在年度报告披露后5个交易日内，向本所申请撤销对其股票实施的退市风险警示。

研发型上市公司自股票被实施退市风险警示之日起6个月内，公司市值及相关产品、业务等指标符合本规则“预计市值不低于40亿元，主要业务或产品需经国家有关部门批准，市场空间大，目前已取得阶段性成果。医药行业企业需至少有一项核心产品获准开展二期临床试验，其他符合科创板定位的企业需具备明显的技术优势并满足相应条件”要求的，应当在符合条件时及时披露，并说明是否向本所申请撤销退市风险警示。公司可以在披露之日起的5个交易日内，向本所申请撤销对其股票实施的退市风险警示。

4.10　上市公司向本所提交撤销对其股票实施退市风险警示的申请后，应当在次一交易日作出公告。

本所于收到上市公司申请之日后的15个交易日内，根据实际情况，作出是否撤销退市风险警示的决定。

4.11　本所决定撤销退市风险警示的，上市公司应当按照本所要求在撤销退市风险警示之前一个交易日作出公告。

公司股票在公告披露日停牌一天，公告披露日为非交易日的，于披露日次一交易日停牌一天。本所自复牌之日起撤销对公司股票实施的退市风险警示。

4.12　本所决定不予撤销退市风险警示的，上市公司应当在收到本所有关书面通知的次一交易日作出公告。公司未按规定公告的，本所可以交易所公告的形式予以公告。公司股票自公告之日起停牌。

上市公司虽满足第4.9条规定的退市风险警示的撤销条件，但具有其他退市风险警示情形的，按其他退市风险警示的程序执行，不予撤销退市风险警示。

4.13 上市公司未满足第4.9条第一款规定的撤销退市风险警示条件，应当自董事会审议通过年度报告或者财务会计报告更正事项后，及时披露年度报告或者更正公告，同时发布公司股票可能被终止上市的风险提示公告。本所自年度报告或者财务会计报告更正公告披露之日起，对公司股票实施停牌。披露日为非交易日的，自披露后的第一个交易日起停牌。

研发型上市公司在被实施退市风险警示后6个月内未满足第4.9条第二款规定的退市风险警示撤销条件的，应当在该期限届满日次一交易日发布公司股票可能被终止上市的风险提示公告。本所自公告披露之日起，对公司股票实施停牌。

上市公司虽满足第4.9条规定的退市风险警示撤销条件，但未在该条规定的相应期限内向本所申请撤销退市风险警示的，本所自相应期限届满的次一交易日起对公司股票实施停牌。

4.14 本所根据第4.12条和第4.13条对公司股票实施停牌的，自停牌之日起5个交易日内，向公司发出拟终止其股票上市的事先告知书，上市公司应当及时披露。

4.15 上市公司收到终止上市事先告知书后，可以根据本节“听证与复核”的规定提出听证、陈述和申辩。

本所上市委员会在前款规定的有关期限届满或者听证程序结束后15个交易日内，就是否终止公司股票上市事宜进行审议，作出独立的专业判断并形成审核意见。

本所根据上市委员会的审核意见，作出是否终止股票上市的决定。

4.16 本所在作出终止股票上市的决定之日起2个交易日内，通知公司并发布相关公告，同时报中国证监会备案。

公司应当在收到本所关于终止其股票上市决定后，及时披露股票终止上市公告。

公司可以在收到终止上市决定之日起5个交易日内，按照本节“听证与复核”的规定申请复核。

5. 规范类强制退市

5.1 上市公司出现下列情形之一的，本所对其股票实施退市风险警示：

（一）因财务会计报告存在重大会计差错或者虚假记载，被中国证监会责令改正但公司未在规定期限内改正，此后公司在股票停牌2个月内仍未改正；

（二）未在法定期限内披露年度报告或者半年度报告，此后公司在股票停牌2个月内仍未披露；

（三）因信息披露或者规范运作等方面存在重大缺陷，被本所责令改正但公司未在规定期限内改正，此后公司在股票停牌2个月内仍未改正；

（四）因公司股本总额或股权分布发生变化，导致连续20个交易日不再具备上市条件，此后公司在股票停牌1个月内仍未解决；

（五）最近一个会计年度的财务会计报告被会计师事务所出具无法表示意见或者否定意见的审计报告；

（六）公司可能被依法强制解散；

（七）法院依法受理公司重整、和解和破产清算申请；

（八）本所认定的其他情形。

前款规定的第三项情形，由本所提请上市委员会审议，并根据上市委员会的审核意见作出认定。

5.2　上市公司出现第5.1条第一项至第三项规定的未在规定期限改正或者法定期限内披露相关定期报告情形的，公司股票自责令改正期限或者法定期限届满之日起停牌。

上市公司在股票停牌后2个月内完成改正或者披露相关定期报告的，应当及时公告，公司股票自公告披露当日起复牌。披露日为非交易日的，于次一交易日起复牌。

上市公司在股票停牌后2个月内仍未完成改正或者披露的，公司股票自停牌2个月届满的次一交易日起复牌。自复牌之日起，本所对公司股票实施退市风险警示。上市公司应当按照本所要求，在其股票被实施退市风险警示前及时发布公告。

5.3　上市公司出现第5.1条第四项规定的股本总额或者股权分布连续20个交易日不具备上市条件的，股票自前述情形出现的次一交易日起停牌。公司应当于停牌之日起1个月内披露解决方案并提示相关风险。

公司在股票停牌后1个月内披露解决股本总额或者股权分布问题的方案，或者公司未在股票停牌后1个月内披露解决方案的，公司股票自方案披露或者期限届满的次一交易日起复牌。自复牌之日起，本所对公司股票实施退市风险警示。上市公司应当按照本所要求，在其股票被实施退市风险警示前及时公告。

停牌期间股本总额或者股权分布重新具备上市条件的，公司应当及时披露并申请股票复牌。

5.4　上市公司出现第5.1条第五项至第八项规定情形之一的，公司股票自该情形出现的次一交易日起停牌。本所在停牌之日起5个交易日内，决定对公司股票实施退市风险警示。

上市公司应当按照本所要求在其股票被实施退市风险警示前及时发布公告。公司股票自公告披露日后的次一交易日起复牌。公告披露日为非交易日的，于披露后的第二个交易日起复牌。自复牌之日起，本所对公司股票实施退市风险警示。

5.5　除因第5.1条第五项情形被实施退市风险警示外，股票被实施退市风险警示期间，上市公司应当每5个交易日披露一次风险提示公告，提示其股票可能终止上市的风险。

上市公司因5.1条第五项规定的标准，其股票被实施退市风险警示的，应当在其股票被实施退市风险警示当年的会计年度结束后一个月内，发布股票可能被终止上市的风险提示公告，并在披露该年年度报告前至少再发布两次风险提示公告。

5.6　上市公司股票因第5.1条第七项情形被实施退市风险警示的，公司应当分阶段及时披露法院裁定批准公司重整计划、和解协议或者终止重整、和解程序等重整事项的进展，并充分提示相关风险。

上市公司破产重整的停复牌应当遵守本所相关规定。

5.7　上市公司股票因第5.1条第一项至第六项情形被实施退市风险警示后，符合下列对应条件的，可以向本所申请撤销对其股票实施的退市风险警示：

（一）因第5.1条第一项情形被实施退市风险警示之日起的2个月内，披露经改正的财务会计报告；

（二）因第5.1条第二项情形被实施退市风险警示之日起的2个月内，披露相关年度报告或者半年度报告；

（三）因第5.1条第三项情形被实施退市风险警示之日起2个月内，公司已按要求完成整改，具备健全的公司治理结构，运作规范，公司信息披露和内控制度无重大缺陷；

（四）因第5.1条第四项情形被实施退市风险警示之日起的6个月内，解决股本总额或股权分布问题，且其股本总额或股权分布重新具备上市条件；

（五）因第5.1条第五项情形被实施退市风险警示后，会计师事务所对其下一个会计年度的财务会计报告出具标准无保留审计意见；

（六）因第5.1条第六项情形被实施退市风险警示后，公司可能被依法强制解散的情形已消除。

前款规定的第三项情形，由本所提请上市委员会审议，并根据上市委员会审核意见作出是否撤销退市风险警示的决定。

5.8　上市公司股票因第5.1条第七项情形被实施退市风险警示后，符合下列条件之一的，公司可以向本所申请撤销对其股票实施的退市风险警示：

（一）重整计划执行完毕；

（二）和解协议执行完毕；

（三）法院受理破产申请后至破产宣告前，依据《中华人民共和国企业破产法》（以下简称《企业破产法》）作出驳回破产申请的裁定，且申请人在法定期限内未提起上诉；

（四）因公司已清偿全部到期债务、第三人为公司提供足额担保或者清偿全部到期债务，法院受理破产申请后至破产宣告前，依据《企业破产法》作出终结破产程序的裁定。

公司因前款第一项、第二项情形向本所申请撤销对其股票实施的退市风险警示，应当提交法院指定管理人出具的监督报告、律师事务所出具的对公司重整计划或和解协议执行情况的法律意见书，以及本所要求的其他说明文件。

5.9　上市公司符合第5.7条、第5.8条规定条件的，应当于相关情形出现后及时披露，并说明是否将向本所申请撤销退市风险警示。公司可以在披露之日起的5个交易日内，向本所提交撤销退市风险警示申请并披露。

本所于收到上市公司申请之日起的15个交易日内，根据实际情况，作出是否撤销退市风险警示的决定。

5.10　本所决定撤销退市风险警示的，上市公司应当按照本所要求在撤销退市风险警示之前一个交易日作出公告。公司股票在公告披露日停牌一天，公告披露日为非交易日的，于披露日次一交易日停牌一天。本所自复牌之日起撤销对公司股票的退市风险警示。

5.11　本所决定不予撤销退市风险警示的，上市公司应当在收到本所有关书面通知之日作出公告；公司未按规定公告的，本所可以交易所公告的形式予以公告。公司股票自公告之日起停牌。

上市公司虽满足第5.7条、第5.8条规定的退市风险警示撤销条件，但具有其他退市风险警示情形的，按其他退市风险警示的程序执行，不予撤销退市风险警示。

5.12　上市公司未满足第5.7条、第5.8条规定的撤销退市风险警示条件，或者未在第5.9条规定的期限内向本所申请撤销退市风险警示的，本所自相应期限届满的次一交易日起，对公司股票实施停牌。

上市公司股票因第5.1条第五项情形被实施退市风险警示，会计师事务所对其下一个会计年度的财务会计报告出具无法表示意见或者否定意见的审计意见的，本所自该审计意见披露之日起对公司股票实施停牌。披露日为非交易日的，自披露日次一交易日起停牌。

上市公司股票因第5.1条第六项、第七项情形被实施退市风险警示后，应当最迟于知道公司依法被吊销营业执照、被责令关闭或者被撤销等强制解散条件成就，或者收到法院宣告公司破产的裁定书的次一交易日披露，公司股票自披露之日起停牌。

5.13　本所根据第5.11条、第5.12条对公司股票实施停牌的，自停牌之日起5个交易日内，向公司发出拟终止其股票上市的事先告知书，公司应当及时披露。

5.14　上市公司收到终止上市事先告知书后，可以根据本章第六节的规定提出听证、陈述和申辩。

本所上市委员会在前款规定的有关期限届满或者听证程序结束后15个交易日内，就是否终止其股票上市事宜进行审议，作出独立的专业判断并形成审核意见。

本所根据上市委员会的审核意见，作出是否终止股票上市的决定。

5.15　本所在作出终止股票上市的决定之日后2个交易日内，通知公司并发布相关公告，同时报中国证监会备案。

公司应当在收到本所关于终止其股票上市的决定后，及时披露股票终止上市公告。

公司可以在收到终止上市决定之日起5个交易日内，按照本章第六节的规定申请复核。

6．听证与复核

6.1　上市公司收到本所发出的终止上市事先告知书后，可以在5个交易日内，以书面形式向本所提出听证要求，并载明具体事项及理由。

上市公司对终止上市有异议的，可以在前款规定期限内，向本所提交相关书面陈述和申辩，并提供相关文件。

上市公司未在本条规定期限内提出听证要求、书面陈述或者申辩的，视为放弃相应权利。

上市公司在本条规定期限内提出听证要求的，由本所上市委员会按照有关规定组织召开听证会。

6.2　上市委员会组织召开听证和审议期间，可以要求上市公司、保荐机构和证券服务机构提供补充材料，提供补充材料期间不计入听证及审议期限。

公司和相关机构提供补充材料的期限累计不得超过30个交易日。公司和相关机构未按本所要求在规定期限内提交补充材料的，本所上市委员会继续进行听证或者审议。

本所可以自行或委托相关机构就公司有关情况进行调查核实，并将核查结果提交上市委员会审议。调查核实期间不计入审议期限。

6.3　上市公司可以在收到终止上市决定之日起5个交易日内，以书面形式向本所申请复核。

公司应当在向本所提出复核申请之日的次一交易日披露有关内容。

6.4　上市公司根据前条规定向本所申请复核，应当提交下列文件：

（一）复核申请书；

（二）保荐机构就申请复核事项出具的意见书；

（三）律师事务所就申请复核事项出具的法律意见书；

（四）本所要求的其他文件。

6.5　本所在收到申请人提交的复核申请文件之日后的5个交易日内，作出是否受理的决定并通知申请人。

未能按照前条规定提交复核申请文件的，本所不受理其复核申请。

申请人应当在收到本所是否受理其复核申请的决定后，及时披露决定的有关内容并提示相关风险。

6.6　本所复核委员会根据《上海证券交易所复核实施办法》的规定进行复核。

复核委员会审议期间，可以要求上市公司、保荐机构和证券服务机构提供补充材料，提供补充材料期间不计入听证及审议期限。

公司和相关机构提供补充材料的期限累计不得超过30个交易日。公司和相关机构未按本所要求在规定期限内提交补充材料的，本所复核委员会继续进行听证或者审议。

本所可以自行或委托相关机构就公司有关情况进行调查核实，并将核查结果提交复核委员会审议。调查核实期间不计入审议期限。

6.7　本所依据复核委员会的审核意见，作出是否维持终止上市的决定。

申请人应当在收到本所的复核决定后，及时披露决定的有关内容。

7. 退市整理期

7.1　上市公司股票被本所根据本章第二节至第五节的规定作出终止上市决定后，自公告终止上市决定之日起5个交易日后的次一交易日复牌，进入退市整理期交易。

7.2　退市整理股票的简称前冠以“退市”标识，不进入本所风险警示板交易，不适用本所风险警示板股票交易的相关规定。

7.3　退市整理期的交易期限为30个交易日。公司股票在退市整理期内全天停牌的，停牌期间不计入退市整理期，但停牌天数累计不得超过5个交易日。

累计停牌达到5个交易日后，本所不再接受公司的停牌申请；公司未在累计停牌期满前申请复牌的，本所于停牌期满后的次一交易日恢复公司股票交易。

7.4　上市公司股票进入退市整理期的，公司及相关信息披露义务人仍应当遵守法律法规、本规则及本所有关规定，履行信息披露及相关义务。

7.5　上市公司应当于退市整理期的第一天，发布公司股票已被本所作出终止上市决定的风险提示公告，说明公司股票进入退市整理期的起始日和终止日等事项。

上市公司应当在退市整理期前25个交易日内，每5个交易日发布一次股票将被终止上市的风险提示公告，在最后5个交易日内每日发布一次股票将被终止上市的风险提示公告。

7.6　退市整理期届满后5个交易日内，本所对公司股票予以摘牌，公司股票终止上市，并转入股份转让场所挂牌转让。

7.7　上市公司应当在本所作出终止其股票上市决定后，立即安排股票转入全国中小企业股份转让系统或者本所认可的其他转让场所挂牌转让的相关事宜，保证公司股票在摘牌之日起45个交易日内可以挂牌转让。

公司将其股票转入股份转让场所挂牌转让，应当聘请具有主办券商业务资格的证券公司（以下简称代办机构）并与其签订相关协议。公司未聘请或无代办机构接受其聘请的，本所在作出终止其股票上市的决定后，可以为其临时指定代办机构，通知公司和代办机构，并于2个交易日内就上述事项发布相关公告（公司不再具备法人资格的情形除外）。

7.8　上市公司股票退市整理期的其他事宜，参照适用《上海证券交易所退市整理期业务实施细则》的有关规定。

8．主动终止上市

8.1　上市公司出现下列情形之一的，可以向本所申请主动终止上市：

（一）上市公司股东大会决议主动撤回其股票在本所的交易，并决定不再在本所交易；

（二）上市公司股东大会决议主动撤回其股票在本所的交易，并转而申请在其他交易场所交易或转让；

（三）上市公司向所有股东发出回购全部股份或部分股份的要约，导致公司股本总额、股权分布等发生变化不再具备上市条件；

（四）上市公司股东向所有其他股东发出收购全部股份或部分股份的要约，导致公司股本总额、股权分布等发生变化不再具备上市条件；

（五）除上市公司股东外的其他收购人向所有股东发出收购全部股份或部分股份的要约，导致公司股本总额、股权分布等发生变化不再具备上市条件；

（六）上市公司因新设合并或者吸收合并，不再具有独立法人资格并被注销；

（七）上市公司股东大会决议公司解散；

（八）中国证监会和本所认可的其他主动终止上市情形。

8.2　前条第一项、第二项规定的股东大会决议事项，除须经出席会议的全体股东所持有效表决权的三分之二以上通过外，还须经出席会议的除下列股东以外的其他股东所持有效表决权的三分之二以上通过：

（一）上市公司的董事、监事、高级管理人员；

（二）单独或者合计持有上市公司5%以上股份的股东。

8.3　上市公司应当在第8.1条第一项、第二项规定的股东大会召开通知发布之前，充分披露主动终止上市方案、退市原因及退市后的发展战略，包括并购重组安排、经营发展计划、异议股东保护的专项说明等。

独立董事应当就上述事项是否有利于公司长远发展和全体股东利益充分征询中小股东意见，在此基础上发表独立意见，独立董事意见应当与股东大会召开通知一并公告。

上市公司应当聘请财务顾问和律师事务所为主动终止上市提供专业服务，发表专业意见并与股东大会召开通知一并公告。

股东大会对主动终止上市事项进行审议后，上市公司应当及时披露股东大会决议公告，说明议案的审议及通过情况。

8.4　上市公司因第8.1条第三项至第七项规定的回购、收购、公司合并以及自愿解散等情形引发主动终止上市的，应当遵守《公司法》《证券法》《上市公司收购管理办法》

《重组办法》等有关规定及本所相关业务规则，严格履行决策、实施程序和信息披露义务，并及时向本所申请公司股票停牌或复牌。

上市公司以自愿解散形式申请主动终止上市的，除遵守法律法规等有关规定外，还应遵守第8.2条和第8.3条的规定。

8.5　上市公司因收购人履行要约收购义务，或收购人以终止公司上市地位为目的而发出全面要约的，要约收购期满至要约收购结果公告前，公司股票应当停牌。

根据收购结果，被收购上市公司股权分布不具备上市条件，上市公司应当按照下列情形分别处理：

（一）收购人以终止上市公司上市地位为目的的，按照第8.1条第四项或者第五项情形相应的退市程序执行，公司股票应当于要约结果公告日继续停牌，直至本所终止其股票上市；

（二）收购人不以终止上市公司上市地位为目的的，按照第5.1条第四项情形相应的程序执行。

8.6　上市公司根据第8.1条第一项、第二项规定的情形，申请主动终止上市的，应当向本所申请其股票自股东大会股权登记日的次一交易日起停牌，并于股东大会作出终止上市决议后的15个交易日内，向本所提交主动终止上市申请。

上市公司因第8.1条第三项至第七项规定的回购、收购、公司合并以及自愿解散等情形引发主动终止上市的，公司应当按照相关规定，及时向本所提交主动终止上市申请。

公司应当在提出申请后，及时发布相关公告。

8.7　上市公司向本所提出主动终止上市申请的，应当提交下列文件：

（一）主动终止上市申请书；

（二）董事会决议及独立董事意见（如适用）；

（三）股东大会决议（如适用）；

（四）主动终止上市的方案；

（五）主动终止上市后去向安排的说明；

（六）异议股东保护的专项说明；

（七）财务顾问出具的关于公司主动终止上市的专项意见；

（八）律师出具的关于公司主动终止上市的专项法律意见；

（九）本所要求的其他材料。

8.8　上市公司主动终止上市事项未获股东大会审议通过的，公司应当及时向本所申请其股票自股东大会决议公告之日起复牌。

8.9　本所在收到上市公司提交的主动终止上市申请文件之日后5个交易日内，作出是否受理的决定并通知公司。公司应当在收到决定后及时披露，并提示其股票是否存在可能终止上市的风险。

8.10　本所在受理上市公司主动终止上市申请之日后的15个交易日内，作出是否同意其股票终止上市的决定。在此期间，本所要求公司提供补充材料的，公司提供补充材料期间不计入上述作出有关决定的期限，但累计不得超过30个交易日。

因全面要约收购上市公司股份、实施以上市公司为对象的公司合并、上市公司全面回购股份，导致公司股票退出市场交易的，除另有规定外，本所在公司公告回购或者收购结果、完成合并交易之日起15个交易日内，作出是否终止其股票上市的决定。

8.11　本所上市委员会对上市公司股票主动终止上市事宜进行审议，重点从保护投资者特别是中小投资者权益的角度，在审查上市公司决策程序合规性的基础上，作出独立的专业判断并形成审核意见。

本所根据上市委员会的审核意见，作出是否终止股票上市的决定。

8.12　本所在作出终止股票上市的决定之日起2个交易日内通知公司并发布相关公告。

公司应当在收到本所关于终止其股票上市决定之日的次一交易日，披露股票终止上市公告。公司股票不进入退市整理期交易。

8.13　上市公司主动终止上市的，本所在公司公告股票终止上市决定之日起5个交易日内对其予以摘牌，公司股票终止上市。

8.14　上市公司主动终止上市的，公司及相关各方应当对公司股票退市后的转让或者交易、异议股东保护措施等作出妥善安排，保护投资者特别是中小投资者的合法权益。

8.15　主动终止上市公司可以选择在股份转让场所转让其股票，或者依法作出其他安排。

8.16　本所在作出同意或者不同意上市公司主动终止上市决定之日起15个交易日内，以及上市公司退出市场交易之日起15个交易日内，将上市公司主动终止上市的情况报告中国证监会。

从科创板定位来看：面向世界科技前沿、面向经济主战场、面向国家重大需求。科创板旨在补齐资本市场服务科技创新的短板，是资本市场的增量改革，将在盈利状况、股权结构等方面做出更为妥善的差异化安排，增强对创新企业的包容性和适应性。科创板是中国资本市场的试验田，与纳斯达克的差距更多地体现在时间积累的制度完善、市场的活力以及代表性企业等方面。

从制度来看：科创板虽然在交易制度、市场分层、上市标准、退市制度、投资者准入门槛等方面已有了重大改革，但相对纳斯达克还不够市场化和开放。例如，交易制度方面，纳斯达克采用多做市商交易制度，且电子交易在55个国家和地区设有26万余个计算机销售终端，纳斯达克上市标准见表2。科创板以竞价交易，20%涨跌幅，上市后前5天不设涨跌幅限制，盘后固定价格交易。

表2　纳斯达克三层次市场上市标准

企业	财务指标	非财务指标
全球精选市场	标准1：前三个财务年度累计税前净利润不低于1100万美元，近两个财务年度每年税前净利润不低于220万美元，目前三个财务年度每年均盈利	买价4美元
	标准2：前三个财务年度累计现金流不低于2750万美元，并且三个财务年度每年为正，及近12个月平均市值不低于5.5亿美元，上一财务年度总收入不低于1.1亿美元	3或4个做市商
	标准3：前12个月平均市值不低于8.5亿美元，且上一财务年度总收入不低于9000万美元	须满足公司治理要求
	标准4：总市值不低于1.6亿美元，且总资本不低于8000万美元，加之股东权益不低于5500万美元	
全球市场	标准1：税前持续营业收入100万美元，股东权益1500万美元，且公众持股市值800万美元，公众持股数110万	买价4美元
	标准2：前三个财务年度累计现金流不低于2750万美元，并且三个财务年度每年为正，及近12个月平均市值不低于5.5亿美元，上一财务年度总收入不低于1.1亿美元	3或4个做市商
	标准3：前12个月平均市值不低于8.5亿美元，且上一财务年度总收入不低于9000万美元	须满足公司治理要求
	标准4：总市值不低于1.6亿美元，且总资本不ffiT8000万美元，加之股东权益不低于5500万美元	百股以上持有人400
资本市场	标准1：股东权益500万美元，公众持股市值1500万美元，且运营年限2年	买价4美元
	标准2：股东权益400万美元，公众持股市值1500万美元，且挂牌股票市值5000万美元	3或4个做市商
	标准3：股东权益400万美元，公众持股市值1500万美元，且最近一个财务年度或者最近三个财务年度中的2年持续净盈利75万美元	须满足公司治理要求；百股以上持有人300人；公众持股100万

笔者寄语

公司成绩优良的、有业绩支撑的成长股，必然伴随着较高的股价，市场向来是强者恒强。所以，投资者不要贪图低价、低成交量的绩差个股，以防终究难逃退市的命运。再者，例如对于一些研发型企业，试验失败之后，也将可能面临前功尽弃的局面，或将击溃整个公司，也有被退市的可能性。

第八节
虚假内幕风险

随着证券市场的快速发展，参与其中的投资者群体日益壮大，内幕交易、操纵市场、虚假陈述等违法行为层出不穷，严重破坏了证券市场的公平秩序以及交易的稳定性，其中尤以内幕交易最为多见，且流毒最广。

内幕交易是指内幕信息知情人以及通过非法手段获取内幕信息的人员，利用该信息买卖或建议他人买卖相关证券或泄露内幕信息的行为。其不仅严重阻碍了证券市场资本配置、资金融通等功能的实现，同时也容易导致其他投资者的非理性行为，甚至会使以资本运营和调配为基础的证券市场变为内幕信息传递和争夺的战场，导致诚信的投资者以及业绩优秀的公司沦为牺牲品。

《证券法》中规定，“禁止证券交易内幕信息的知情人和非法获取内幕信息的人利用内幕信息从事证券交易活动”，并对知情人以及内幕信息的类型进行了有限列举。

《中华人民共和国刑法》《期货交易管理条例》《股票发行与交易管理暂行条例》中也采取了近乎一致的表述，但这一界定方式并不能为内幕交易主体以及内幕信息的识别提供明确的指引。

《证券法》中规定了民事责任制度，但多年间相关案件屈指可数，收效甚微，诚信投资者因内幕交易所受到的损失无法得到填补。

上市公司还存在着一些问题：编制虚假财务报告，信息披露故意使用晦涩语言给投资者理解带来歧义；业绩预报与实际情况相差较大；未按照定期报告的披露要求进行完整披露；违规担保未披露，关联方、关联交易披露不完整；实际控制人、控股股东未履行信息告知义务，故意延迟信息披露；选择性信息披露行为、非主观上对特定群体的信息披露等。常见的非法证券期货风险警示与投资者风险提示与防范等资讯可在中国证券监督管理委员会官网（如图58、图59）浏览。

期望修订后的相关法律能完善证券市场内幕交易法律规制体系，促进资本市场健康发展，成为服务实体经济的重要方面。完善证券市场内幕交易法律规制体系应当从内幕交易行为的界定标准、责任制度、监管等多方面入手，并积极发挥与市场操纵等违规行为监管机制的协调联动作用。

中国证券监督管理委员会
CHINA SECURITIES REGULATORY COMMISSION
首页 HOME
政务 信息公开 政策法规 新闻发布 信息披露 统计数据 人事招聘
服务 办事指南 在线申报 监管对象 业务资格 人员资格 投资者保护
互动 公众留言 信访专栏 举报专栏 在线访谈 征求意见 廉政评议
您的位置：首页 > 打击非法证券期货活动局 > 非法证券期货风险警示
非法证券期货风险警示
非法证券期货风险警示
· 股市投资者需谨防被诱导参与非法投资交易 2018-11-15
· 网络直播平台“非法荐股”活动风险警示 2018-09-07
· 警惕互联网“非法荐股”风险 2018-07-10
· 场外个股期权交易风险警示问答 2018-04-12
· 最近在网上看到一家自称香港RP期货公司的大陆总代理，宣传可以做“外盘期货”，请... 2017-08-24
· 上海判决一起非法销售“新三板”股票案 2017-07-06
· 重庆查处一起假冒证券公司开展非法活动案 2017-06-23
· 非法从事证券期货活动的机构和网站名单（第二期） 2016-12-02
· 警惕“微信荐股”陷阱 2016-11-09
· 警惕原始股诱饵 防范非法传销 2016-10-31
· 最近我看到有“老虎证券”“富途网络”“积木股票”等网站和移动客户端，可以... 2016-07-26
· 深圳查处贵金属非法期货交易案 2016-06-15
· 最近我看到很多网站宣传，做外汇、股票等二元期权交易，操作简单方便还可赚大钱，... 2016-04-18
· “公平在身边”投资者保护系列丛书——打非清整问答 2016-02-26
· 证监会派出机构配合查处区域性股权市场挂牌企业涉嫌非法活动 2015-12-14
· 最近我在上网的时候发现，有注册在境外的网站宣称，可以提供沪深股票“T+0”交易，... 2015-12-01
· 江西查处一起非法期货活动 2015-06-30
· 证监会发布非法从事证券期货活动的机构和网站名单 2015-06-16
· 陕西查处一家非法期货经营机构 2015-05-18

图58

中国证券监督管理委员会
CHINA SECURITIES REGULATORY COMMISSION
首页 HOME
政务 信息公开 政策法规 新闻发布 信息披露 统计数据 人事招聘
服务 办事指南 在线申报 监管对象 业务资格 人员资格 投资者保护
互动 公众留言 信访专栏 举报专栏 在线访谈 征求意见 廉政评议
您的位置：首页 > 投资者保护 > 投资者教育 > 投资者风险提示与防范
投资者风险提示与防范
投资者风险提示与防范
· “投资者保护·明规则、识风险”案例——期货交易重资质 非法平台莫着迷 2017-11-03
· “投资者保护·明规则、识风险”案例——远离非法投资咨询 树立理性投资理念 2017-09-29
· “投资者保护·明规则、识风险”案例——“代客理财”莫轻信 证券投资走正途 2017-09-22
· “投资者保护·明规则、识风险”案例——非合格投资者的“危险游戏” 2017-09-15
· “投资者保护·明规则、识风险”案例——花言巧语不可一概而信 理性分析方能去伪存真 2017-08-25
· “投资者保护·明规则、识风险”案例——股权变动需披露 切莫违规做代持 2017-08-25
· “投资者保护·明规则、识风险”案例——权益变动也要信息披露，投资者你知道吗？ 2017-08-22
· “投资者保护·明规则、识风险”案例——擦亮眼睛读“信息” 2017-08-18
· “投资者保护·明规则、识风险”案例——慎防上市公司动机不纯的“高送转” 2017-08-04
· “投资者保护·明规则、识风险”案例——警惕上市公司“忽悠式”信息披露 2017-07-28
· “投资者保护·明规则、识风险”案例——黑嘴“专家”莫轻信 小心荐股有套路 2017-07-07
· “投资者保护·明规则、识风险”案例——合约异动要看准 临近交割更小心 2017-07-03
· “投资者保护·明规则、识风险”案例——“尾市”拉升藏玄机 盲目追涨落陷阱 2017-06-23
· “投资者保护·明规则、识风险”案例——警惕“涨停板”中的陷阱 2017-06-16
· “投资者保护·明规则、识风险”案例——打探消息没好处，炒股还需走正路 2017-06-04
· “投资者保护·明规则、识风险”案例——泄漏消息非小事 赔了钱财又负卿 2017-05-19
· “投资者保护·明规则、识风险”案例——尊师重道有方法 勿以“内幕”报师恩 2017-05-14
· “投资者保护·明规则、识风险”案例——“枕边风”炒股票当心被处罚 2017-05-05
· “公平在身边”投资者保护系列丛书——私募基金投资者手册 2016-11-11

图59

一、IPO前后的内幕易发期

在2017年上半年IPO企业现场检查及问题处理中，共有35家企业存在问题，其中2家移送稽查，13家被迫撤回。近四成案件涉及内幕信息，涉案人员人数众多，并多级、多向传递。涉案人员有上市公司、中介机构、重组对手方的相关人员等，也有同一内幕信息知情人先后向多人泄露内幕信息。

二、重大消息前后的内幕易发期

1. 股权结构变化：有的单位在“举牌”上市公司过程中，相关人员及其近亲属利用“举牌”信息内幕交易；有的民营企业实际控制人在收购上市公司控股股东股权的过程中，向其客户泄露收购信息。

2. 高送转：有的上市公司实际控制人利用“高送转”信息实施内幕交易；有的上市公司控股股东利用“高送转”及其他多项内幕信息实施内幕交易；有的上市公司董事长在知悉其他上市公司“高送转”内幕信息后，指使下属公司员工实施内幕交易。

3. 并购重组：有的并购重组双方的法定内幕信息知情人，分别利用内幕信息进行交易，严重妨碍并购重组市场秩序；有的市场中间人一边向上市公司推荐重组项目，一边暗中利用他人账户实施内幕交易，严重损害市场诚信基础；有的金融机构工作人员，利用职务便利获取上市公司并购重组内幕信息后，直接使用他人账户交易相关股票。

三、内幕信息包括哪些

1. 公司的经营方针和经营范围的重大变化。

2. 公司的重大投资行为和重大的购置财产的决定。

3. 公司订立重要合同，可能对公司的资产、负债、权益和经营成果产生重要影响。

4. 公司发生重大债务和未能清偿到期重大债务的违约情况。

5. 公司发生重大亏损或者重大损失。

6. 公司生产经营的外部条件发生重大变化。

7. 公司的董事、1/3以上监事或者经理发生变动。

8. 持有公司5%以上股份的股东或者实际控制人，其持有股份或者控制公司的情况发生较大变化。

9. 公司减资、合并、分立、解散及申请破产的决定。

10. 涉及公司的重大诉讼，股东大会、董事会决议被依法撤销或者宣告无效。

11. 公司涉嫌犯罪被司法机关立案调查，公司董事、监事、高级管理人员涉嫌犯罪被司法机关采取强制措施。

12. 公司分配股利或者增资的计划。

13. 公司股权结构的重大变化。

14. 公司债务担保的重大变更。

15. 公司营业用主要资产的抵押、出售或者报废一次超过该资产的30%。

16. 公司的董事、监事、高级管理人员的行为可能依法承担重大损害赔偿责任。

17. 上市公司收购的有关方案。

18. 中国证监会根据《证券法》的授权而规定的可能对上市公司证券交易价格产生较大影响的其他重大事件及其认定的重要信息。

19. 对证券交易价格有显著影响的其他重要信息。

四、内幕交易行为包括哪些

内幕交易活动的构成：行为主体为内幕人，相关信息为内幕信息。行为主体在内幕信息的价格敏感期内买卖相关证券，或者建议他人买卖相关证券，以及泄露该信息的行为都属于内幕交易活动。

具体来说，内幕交易行为包括：

1. 以本人名义，直接或委托他人买卖证券。

2. 以他人名义买卖证券。直接或间接提供证券或资金给他人购买证券，且他人所持有证券之利益或损失，全部或部分归属于本人；或对他人所持有的证券具有管理、使用和处理的权益。

3. 为他人买卖或建议他人买卖证券。

4. 以明示或暗示的方式向他人泄露内幕信息。

5. 以单位名义实施内幕交易行为，且违法所得归单位所有的，应认定为单位的内幕交易行为。在内幕交易中起决定、批准、指挥、授意、纵容等作用的人员，包括单位的法定代表人和主管负责人，属于直接负责的主管人员。在内幕交易中具体实施内幕交易行为并起较大作用的人员，包括单位的经营管理人员和职工，属于其他直接责任人员。

6. 盗用单位名义实施内幕交易行为，违法所得由实施内幕交易行为的个人私分的，或个人利用其设立的公司、企业、事业单位实施内幕交易的，或个人设立的公司、企业、事业单位设立后以实施内幕交易为主要活动的，应认定为个人的内幕交易行为。

7. 管理人或受托人等以投资基金、社保基金、保险品种、企业年金、信托计划、投资理财计划等实施内幕交易的，应当认定为管理人或受托人等的内幕交易行为。

8. 非法证券活动多以“公众媒体或自媒体”“包装为分析师或专家”“冒名合法机构”“拥有内幕信息”“保证短期高额收益”“与大机构联合坐庄”等违反证券投资法律法规的煽动性语言吸引投资者加入。关于内幕交易的典型行为与法律责任及相关案例，见图60、图61。

内幕交易典型行为类型

买卖

在内幕信息敏感期发生证券交易行为，包括场内的竞价、大宗交易，场外的协议转让等。

建议买卖

内幕信息知情人向他人（非内幕信息知情人）提出买卖相关证券的建议。

泄露

以明示或暗示的方式向他人泄露内幕信息。

内幕交易的法律责任

刑事责任

- 《中华人民共和国刑法修正案（七）》第181条第1款2011年“两高”关于办理内幕交易案件若干问题的解释

  情节严重的，处五年以下有期徒刑或者拘役，并处以单位违法所得1倍以上5倍以下罚金；（成交额50万元以上，获利或避免损失15万元以上，3次以上）

  情节特别严重的，处五年以上十年以下有期徒刑，并处以违法所得1倍以上5倍以下罚金。（成交额250万元以上，获利或避免损失75万元以上）

行政责任

- 《证券法》第202条

  责令依法处理非法持有的证券，没收违法所得，并处以违法所得1倍以上5倍以下的罚款；没有违法所得或者违法所得不足3万元的，处以3万元以上60万元以下的罚款。

  单位从事内幕交易的，还应当对直接负责的主管人员和其他直接责任人员给予警告，并处以3万元以上30万元以下的罚款。

图60

内幕信息交易案例

平潭发展异常交易案——上市公司多名高管涉内幕交易

该案是一宗上市公司多名高层涉案的典型内幕交易案件，涉案公司的2名董事长助理、1名副总经理和1名投资部副总经理因内幕交易，于2016年4月份被证监会处以“没一罚三”，罚没金额合计近2000万元。

本案实施内幕交易的4名当事人均为参与上市公司重大决策、负责上市公司重大事项实施的公司高层，在上市公司重大事项运转过程中担任重要角色，全面掌握着公司的内幕信息。

公募基金冠军经理厉建超涉“老鼠仓”案沦为阶下囚

2010年4月至2014年1月期间，厉建超在担任中邮核心优选基金基金经理期间，利用职务便利获取内幕信息以外的其他未公开信息，使用其控制的多个证券储户进行趋同交易，交易金额累计高达9.1亿元，累计趋同交易获利约为1682万元，在这期间，厉建超2013年接管的中邮新兴产业股票基金业绩卓越，登上同年股票基金冠军宝座。

2014年1月，证监会依法将其移送公安机关追究刑事责任。2016年4月，山东省高级人民法院二审判决厉建超有期徒刑三年零六个月，并处罚金1700万元。

2016年8月，证监会依法对厉建超采取终身证券市场禁入措施。

罗向阳内幕交易案——证券公司高级管理人员伙同其弟三次从事内幕交易被查处

本案来源于证监会按国务院部署开展“两加强、两遏制”专项检查活动中发现的线索。2013年11月至2015年2月期间，时任新时代证券公司总经理助理的罗向阳基于职务身份和参与的相关业务活动，先后3次知悉相关上市公司的内幕信息。

罗向阳伙同其在新时代证券某营业部任职的胞弟罗杨颖，利用罗杨颖实际控制的多个证券账户，先后3次内幕交易“东方铁塔”“黄河旋风”股票。证监会依法没收罗向阳等人2015年内幕交易的违法所得约44万余元（前2次内幕交易均为亏损），并处罚款254万余元，并对罗向阳兄弟2人分别采取终身证券市场禁入措施。

图61

五、不正当交易也是有风险的

1. 内幕交易是证券市场多发的违法行为，严重危害证券市场的运行秩序，法律对此规定了严厉的制裁措施。内幕人员获知上市公司的内幕信息后，在该信息未按法律规定披露前，自己利用该信息或将其泄露给他人予以利用、买卖相关证券的，无论其是否盈利，均构成内幕交易。一旦被察觉，将受到相关法律法规的制裁。

2. 内幕交易的主体范围十分广泛。除配偶、父母、子女等亲属关系外，内幕信息的知情人还包括师生、同事、同学、朋友等社会关系，由此获知内幕信息的，均可能构成内幕交易的主体。投资者应当严格守法，不要轻信内幕人了解的所谓“内部消息”，更不能主动凭借自己同内幕人的特殊关系打听内幕信息。

3. 内幕信息并不一定准确。特别是对于流传至市场中的二、三手信息，具有滞后性、不确定性，或技术面根本不具备上涨的条件等。所以，内幕交易亦不一定获利，投资者切莫因一时的好奇或侥幸掉进内幕交易的陷阱。企图依靠“内部消息”暴富或捕获黑马股都是不现实的，更不排除是主力故意散发内幕消息，以便自身出货。

4. 网络荐股纯属套路。互联网中遍布各种图片或文字以及自称“老师”的各路“黑嘴”等股票推荐信息，引人注目，但其背后都布满了各种套路。曾有新闻曝光：幕后黑手们在11:30、15:00收盘后很快推荐出“盘后股票”，提醒投资者注意下午开盘及第二天的推荐股走势。由于行内业务员众多，每个业务员推荐几十人不等，当很多人都知道这只股后，就形成散户哄抬上涨现象。但是当你付费之后，他们所推荐的个股就未必见成效。总之，公开推股、指明买卖价格和带客户交易都属违规行为。

笔者寄语

不要相信身边任何人所讲的“内幕消息”，哪怕是亲戚朋友也一样，因为亲戚朋友们也可能被蒙蔽。交易一定是靠自己完成的，不能指望任何人。即使有尝过甜头，但终究会回吐到最初，因为市场环境是变化的。由于科创板的上市公司都是处在快速发展期，在这过程中企业结构、市场结构和资本结构必然会发生多次变化。所以各种“内幕消息”层出不穷，大家一定要当心慎之。在仅为志尚读者服务的“志尚投教”在线学习平台中，笔者将不断更新金融市场中各种骗局和套路的视频及语音解析，让大家闲时可以浏览，多增长一点见识有益无害。

第九节
原始股权风险

“原始股”是指还未上市流通的“股权转让协议”形式的股票。由于原始股价格相对偏低，同二级市场同行业股票价格相比，估值也会更低。在购买原始股后，假设未来能上市到股票二级市场流通，其股票价格可能会出现溢价多倍的收益，所以回报潜力非常之大。但收益永远与风险成正比，具有高收益就必然存在高风险，并不是所有的企业最终都能走向上市。在不能上市或未上市之前，若想兑现，只能通过协议转让给他人接手，极少数情况下企业也可能会回购。

随着国内“新三板”的热度上涨，普通投资者也开始摩拳擦掌，欲做一把新三板公司的原始股东。那么问题来了，新三板原始股真的值得买吗？

原始股，其实是企业还在股份有限公司设立时向社会公开募集的股份，多数新三板的企业原始股的市盈率是3～4倍，一旦上市之后是稳赚不赔的。企业如果在新三板上市后进行定增，定价会是市盈率的35～55倍，投资者不仅能够通过在新三板的投资赚钱，如果新三板再转为主板，利润则更加丰厚。内部人员或知情人员如果对公司经营情况和业绩有信心、相信其未来能上市到新三板或主板以及科创板，便可考虑认购；若没信心就不建议认购，因为出资是无法退还的，只能在上市后通过流通交易卖出兑现。

除此之外，如果未能成功上市，公司对于原始股回购是否有配套政策，这是购买原始股的重要参考。如果公司不能回购，在当地股权交易中心是否可以挂牌转让，这也需要提前确认。

在上述内容中大家也看出原始股的利益诱惑以及风险，但人们往往容易受到利益的蒙蔽，市场中的不法分子也正好抓住人们的弱点，操办着有可能上市到新三板、科创板、纳斯达克、香港创业板等企业原始股销售，以及境外上市股回归A股上市前的股权认购等形式，至于标的企业的真实性、预期上市的可能性和需等待的周期等，都是难以确定的因素，投资者应谨防上当受骗！

一、“海外上市名义”的原始股权均为骗局

以2015年广州市公安局经侦支队破获非法发行证券骗局为例：上海环华公司广州分公司非法代理发行股票，公司在全国8个省市设有13家分支机构，把一家接近停产边缘的公司“包装”成即将在加拿大、美国上市的“香饽饽”，以此骗取投资者钱财，其中仅在广州一地，就涉骗3000多万元。

二、国内“新三板”公开销售的骗局案例

在国内“新三板”成熟之际，“新三板”的原始股交易，也成为个人投资者的一种选择。例如有些企业刚成立不久，就打着上市“新三板”的旗号，开始招摇撞骗，号称只需要20多万，就能迈进购买上市公司原始股的门槛，越来越多类似于拟挂牌企业的路演、原始股兜售等现象在涌现。试想一下，真有这样的好事送上门？天上真会掉馅饼？不是所有原始股都可以轻松得到手的。

举例来讲，市场中总有那么一部分一直售卖“新三板”股权的中介业务团队。例如某“新三板”股票当前市价为6元/股，而中介业务团队从企业或其他庄家手上接过来的价格是3元/股。在每股可赚取3元差价的情况下，中介业务团队的销售干劲也就十足了，尽可能使用各种包装和诱导形式开展宣传和推销，甚至谎称企业即将转为主板上市，一旦转为主板后的股价将是每股20元以上的高收益诱惑。其背后却隐藏着配资开户、虚假宣传、合同欺诈，甚至非法集资等陷阱，有着巨大的投资风险。

揭示“新三板”原始股骗局的常见手段：

1. 称公司将要在境内外证券市场上市，诱使投资者购买其股票；

2. 称发行股票已获政府部门批准，甚至伪造有关批准文件；

3. 以发行原始股的名义与投资者共同发起设立股份公司；

4. 以大股东转让股份的名义，向社会不特定对象公开募集资金或高价转让股票；

5. 以“证券投资咨询公司”等为名，未经批准向社会公众非法买卖、代理买卖未上市公司股票；

6. 以给境内企业提供境外上市服务为名，向社会代理买卖未上市公司股票；

7. 未经证监会核准，向不特定对象发行股票，或者向特定对象发行股票后股东累计超过200人的擅自公开发行股票行为。

三、关于股权基金

国内通常称“私募股权投资”为PE。从投资方式来看，依国外相关研究机构定义，PE是指通过私募形式对私有企业，即非上市企业进行的权益性投资，在交易实施过程中附带

了将来的退出机制，即通过上市、并购或管理层回购等方式，出售持股兑现获利。也有少部分PE基金投资已上市公司的股权，另外在投资方式上也有采取债权型投资方式。另外，天使投资和风投，也属于风险投资的范围，比PE更早，风险更大，同时回报也可能更高。虽然股权基金经由基金协会备案后发行产品，但认购门槛为100万元起，同时对于基金合同条款还需细心斟酌，例如“募投管退”四大环节的明确性。

笔者寄语

我们通过上述“新三板”的市场乱象，透视科创板会面临什么样的原始股套路。在此笔者只能为大家提个醒，促使大家增强防范之心。不要轻信对方的各种华丽语言，被各种资料与证件所蒙蔽，真正的股权投资必须是实地尽职调查和评估后作出的投资决定。

第十节

个股地雷风险

个股上涨时什么丑态都能遮盖住，一旦下跌什么问题都能暴露出来，所谓“一涨遮百丑、一跌露百馅”，这也属于股市中的一大特征。

每年A股中都会爆雷数十只个股，其中部分个股在爆雷前股价还保持良好的上涨态势。常在河边走，怎能不湿鞋？对于老股民来讲，难免会踩踏爆雷个股（见图62）。假设一直跌停，甚至卖出的机会都没有，直到股价腰折之后，卖盘减少时，才有打开跌停的可能。

如何视察潜在地雷？如何回避地雷？这是笔者在本节要讲述的重点。

图62

一、业绩报地雷

每年4月份是年报密集发布期，4月底至5月份是地雷频发期。主要体现在年报造假、ST戴帽加星、退市、一季报亏损等爆发地雷。

在业绩报还未公布之前，个股或会在大盘指数、板块带动下，涨势一片大好，股价持续上涨，一旦业绩报发布亏损，股价也就应声而下。甚至一些个股在业绩“预报”时为盈利或大幅盈利，一旦业绩报真正发布时立即变脸为亏损，这种地雷简直就是坑人。

还有在每年7月份后发布半年报业绩修正公告，业绩出现了由增长变为下滑、增幅远低于此前预期、增长亏损等情况，也需要高度谨防。

在业绩披露上还有一类公司业绩连年亏损，对于这类主营业务盈利差、管理不善的公司，或者是处于行业下行周期的公司，也应保持高度警惕。

同时，央行对利率的调控也会影响一些上市公司的业绩，例如银行股和制造业的中下游个股等。

二、高比例质押股地雷

质押股触及平仓线、信托持股、限售股解禁等，也属于“潜在地雷”。高比例质押个股、限售股解禁等个股，后市依然存在股价闪崩风险。特别是质地一般，又有高比例质押股份的公司，股价下跌逼近平仓线后，会加剧个股闪崩风险。还有信托持股上市公司的情况也要谨慎对待，一旦市场大环境不好、大盘指数持续下跌，一些业绩较差、经营管理不善的股票最容易爆雷。

三、经营管理问题地雷

纵观2018年部分因经营管理问题爆雷的案例：盛运环保（300090）公司股权质押融资4亿元炒别人家的股票被套，被券商强行平仓；雅百特（002323）虚构在巴基斯坦有地铁工程，伪造巴基斯坦政要信函，已被深交所勒令强制退市；金业科技（300028）因涉嫌欺诈发行股票被深交所宣布强制退市；宜通世纪（300310）所并购的公司因为资产被法院查封了，股权被冻结，母公司的商誉值要做计提减值；九州药业（603456）公司重组失败复牌后迎来补跌，停牌期间正好是A股大跌期间。

再看2019年5月份的飞马国际（002210）125亿元下落不明，爆雷缘起大股东债务危机。也有不少公司破罐破摔，一烂到底，无心治理或无力治理。

四、黑天鹅地雷

2018年11月16日，证监会发布《会计监管风险提示第8号——商誉减值》，旨在强化商誉减值会计监管，进一步规范上市公司商誉减值会计处理及信息披露等，也要谨防飞出“黑天鹅”。2018年股权质押的地雷为了救爆仓，证监会无奈放开重组并购，但这仅仅是拆东墙补西墙，将给商誉埋下更大的雷。商誉杀伤力巨大，必须认真对待。一旦踩雷，股价直接跌回最初，出现像巴士在线（002188）和坚瑞沃能（300116）的惨象（见图63），还有华谊兄弟（300027）被诟病的就是商誉。

2017年十家商誉减值最大公司今年涨跌

股票名称	商誉减值损失	涨跌幅
坚瑞沃能	46.15亿元	-81.10%
中国石油	37.09亿元	-6.85%
*ST巴士	15.38亿元	-73.86%
*ST保千	7.93亿元	-87.54%
美丽生态	7.11亿元	-35.98%

图63

商誉减值地雷原因是早在2014—2015年，A股掀起并购狂潮，为了提高并购价格，被收购企业往往会承诺未来3年漂亮的业绩，从而令并购价格远超净资产，产生巨额商誉；一旦未来3年的业绩未达净利润承诺，上市公司就将面临商誉减值。

“黑天鹅事件”指非常难以预测，且不寻常的事件，通常会引起市场连锁负面反应甚至颠覆。“黑天鹅”存在于各个领域，无论金融市场、商业、经济还是个人生活，都逃不过它的影响。“灰犀牛”是与“黑天鹅”相互补足的概念，“灰犀牛事件”是太过于常见以至于人们习以为常的风险，“黑天鹅事件”则是极其罕见的、出乎人们意料的风险。

笔者寄语

对于年报期业绩没发布的个股最好不买，哪怕是白马股也不买，2019年5月份的康美药业（60018）财报造假就是案例，转身变为ST股。

从技术层面来讲，一轮急涨之后的个股、一直落后大盘指数的个股，一旦出现“一字跌停”或迅速跌停板的，就该立即想到是不是爆雷了，因为有时消息的发布总会滞后。

地雷总是防不胜防，特别是退市新规执行后，大家就不要总想着以时间换空间，若一直拿着也未必能解套。将来，科创板的退市制度更严、退市更快，稍有发现不祥之兆，或爆雷后就该立即退出，更不要多想。

第四章

关于投资技巧：以不变应万变是投资铁律

本章要点

科创板上市公司的类型、涨跌幅限制和交易制度、退市制度都与以往的主板存在很大的区别，那么在选择科创股票时的方法和交易风格，也会存在较大的变数。在本章笔者总结一些对科创股实战有帮助的观点。

第一节
选股的方式

未来世界是高科技的世界，只有高科技才能满足尚未发掘的巨大市场需求，刺激新型经济的增长。高科技领域就像一张白纸，可发挥的空间巨大，而且科技走进生活的周期越来越短，越来越快，更适合财富大爆炸。因此，将来在科创板中必然会诞生10倍、100倍以上的个股，创造出能载入史册的新一轮财富爆炸。

笔者认为，针对科创板选股的条件理应更偏向于基本面（以不变应万变），因为纯粹依靠技术面选股的话，由于涨跌幅度过大，难逃短期的宽幅震荡压力。以下笔者通过本书前述的重点罗列出部分选股条件供大家参考。

一、以发行上市条件为优先条件

五套上市标准中的第一套：预计市值不低于人民币10亿元，最近2年净利润均为正且累计净利润不低于人民币5000万元，或者预计市值不低于人民币10亿元，最近1年净利润为正且营业收入不低于人民币1亿元。因为这一套标准比其他四套显然要优质一些。

二、以前两批率先登场的名单为榜样

前两批登陆科创板的股票，必然是经过优选的，务必给科创板打开良好的开端，例如当初的创业板前两批个股在往后的走势都别具一格。随着个股数量的不断增加，市场投资热情的消退，个股之间的行情分化，选股和操作的难度也就增大。

三、母公司早已上市为强大的后盾

借着科创板的政策暖风，A股公司分拆上市势在必行。多家上市公司都在计划分拆子公司在科创板上市，同时，监管部门也表示正在研究制定主板公司分拆子公司到科创板上市的相关细则。这意味着A股公司分拆上市也将会有新突破。俗话说，有其父必有其子，所以在选子公司时不妨也研究一下母公司的基本面。

部分有关公告称分拆上市科创板的案例：

首航节能（002665）在2019年4月9日的公告称：拟向首航光热增资注入、出售或租赁部分光热业务相关资产。一方面，首航节能对控股子公司首航光热股份有限公司的控股比例由原来的65%提升到92.4%；另一方面，在控股比例大幅提升以保护上市公司各股东利益的情况下，首航节能拟将其拥有的部分光热业务资产整合注入首航光热，未来在条件合适的情况下将择机推动首航光热的资产证券化，优选在科创板上市。

2019年4月4日港股威胜控股（03393.HK）公告称：本公司建议分拆本公司附属公司威胜信息技术之股份于上海证券交易所科创板独立上市。截至本公告日期，本公司拥有威胜信息技术65%权益。

四、技术垄断时间就是股价上涨的时段

如图64所示，2013年信维股份（300136）产品切入苹果手机产业链，注定股价大涨。随着智能手机的快速扩张，公司收益必然大幅增长。股价（前复权）从2元涨到60元。

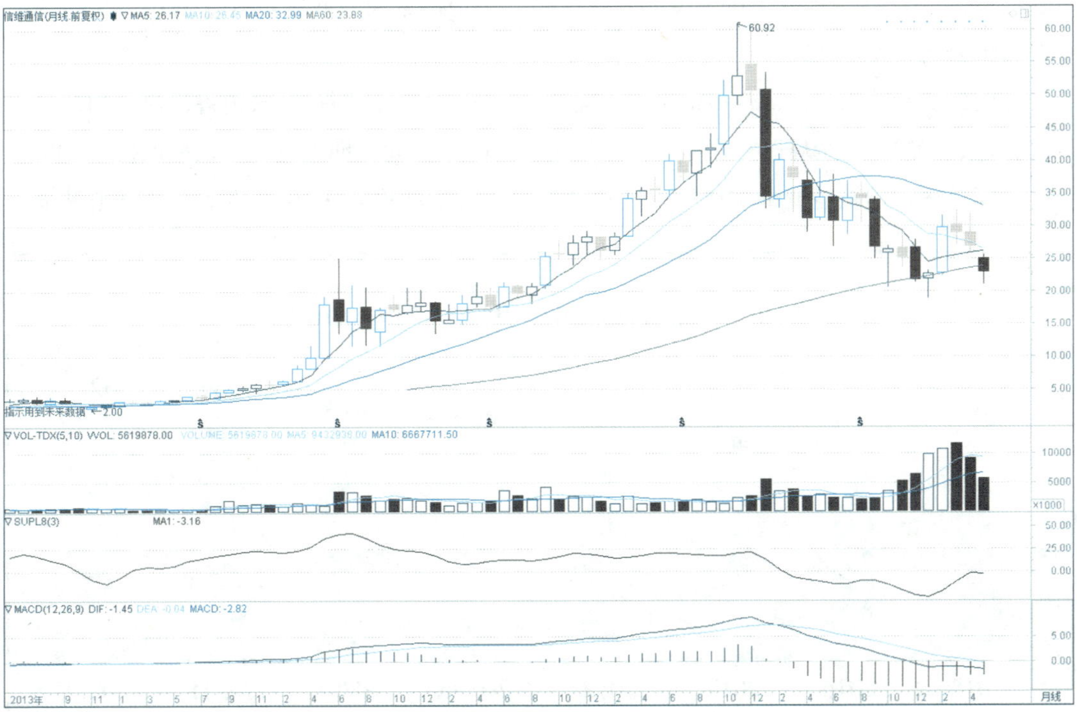

图64

产品高度垄断、高速增长的时间就是可以一直捂股的时间。例如美团上市后能否一直捂股？美团市场占有率已经达到一个顶峰，上市前的投资者早已获取高速增长的回报，上市目的就是让之前的股权投资者能够通过二级市场获利退出。所以，行业未来空间巨大

的、垄断不可被取代才是多倍回报的关键，当然还要有长时间捂股的定性，以及资金巧妙的分散配置。

随着“中美贸易摩擦”开始后，国内一些高科技产品能替代国外产品，就会出现巨额收益增长。例如芯片、半导体、大飞机发动机等。

再例如高科技+服务型连锁企业爱尔眼科（300015），该行业属于高壁垒行业，其行业空间巨大，随着扩张潜力带来巨额收益增长。从上市以来净利润一直增长，净利润和市值已翻10倍。类似个股紧随其后的还有乐普医疗（300003）。

创业板最赚钱的公司，市值超850亿元的迈瑞医疗（300760），是继药明康德、宁德时代之后，又一巨型“独角兽”企业。在国内算得上是最具有传奇性的医疗企业之一，素有“医疗器械界的华为”之称。其成立于1999年，产品覆盖三大领域：生命信息与支持、体外诊断以及医学影像。也是我国为数不多，能在高端医疗器械领域与国外同行一较高低的研发型医疗器械企业。据标准普尔旗下数据库统计的2015年全球医疗器械百强排行，迈瑞医疗位列世界医疗器械企业第43名，成为前50名中唯一上榜的中国企业。目前迈瑞医疗在北美、欧洲、亚洲、非洲、拉丁美洲等地区超过30个国家设有40家境外子公司，在国内设有17家子公司，超过40家分支机构。

如图65所示，根据Evaluate Med Tech统计，2016年，全球医疗器械销售规模为3870亿美元，预计到2022年，全球医疗器械市场规模将超5200亿美元，期间复合增长率保持在5.1%。

美国是医疗器械行业最主要的市场和制造国，占全球约40%的市场份额；欧洲则是全球

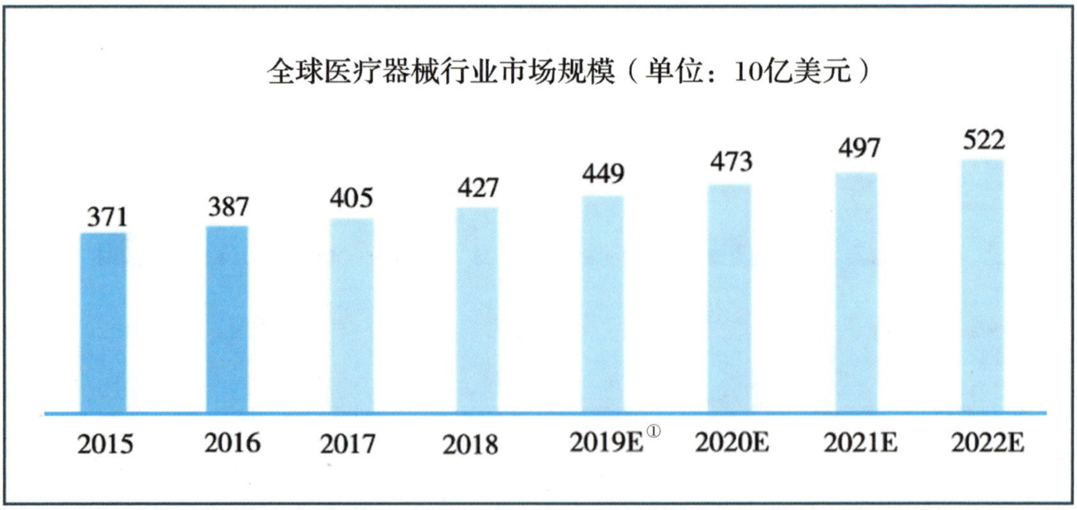

图65

① 年份后的“E”表示预期数据，并非报表数据。

第二大市场和制造地区，占全球约30%的市场份额。中国虽然也成为全球医疗器械的重要生产基地，占全球14%的市场份额，但大多为中低端医疗器械产品，国内高端医疗器械市场大部分由外资企业占领。和发达国家相比，我国医疗器械行业起步较晚。但随着国家政策支持和医改不断深入，以及国民消费能力和健康意识的提升，国内医疗器械行业进入了黄金发展时期。

图66为2018年BCG“全球挑战者”百强榜单，此榜单最早于2006年开始发布，报告中提及的企业都在之后展现了巨大的潜力。据悉，全球挑战者们的规模增长速度比成熟市场同类企业快4倍左右，创造的股东回报是其5倍以上。入选“全球挑战者”的企业除需要满足财务表现、运营规模等要求之外，还必须具备强大的国际影响力（国际销售额占整个国际市场比例10%以上），或者国际并购达到5亿美元以上，以及建立真正全球化足迹的愿望。这些名单中的企业都有“改变世界”的价值观，利用新技术、开拓新兴市场，为创新设立标准与跨国公司在全球范围内展开角逐。

2018年BCG全球挑战者榜单

荣誉晋升挑战者

- 阿里巴巴集团（中国）
- 中国交通建设股份有限公司（中国）
- 沙特基础工业公司（SABIC）（沙特阿拉伯）
- 腾讯（中国）

全球挑战者

- 亚洲航空有限公司（AirAsia）（马来西来）
- 阿尔法集团（Alfa）（墨西哥）
- Alicorp（秘鲁）
- **Almarai（沙特阿拉伯）**
- **Alpargatas（巴西）**
- 阿波罗轮胎公司（Apollo Tyres）（印度）
- **墨西哥阿卡大陆公司（Arca Continental）（墨西哥）**
- 阿斯潘制药（Aspen Pharmacare）（南非）
- 中国航空工业集团有限公司（中国）
- Axiata Group Berhad（马亚西亚）
- Ayala Corp（菲律宾）
- 巴贾吉汽车公司（Bajaj Auto）（印度）
- 印度巴蒂电信（Bharti Airtel）（印度）
- BRF（巴西）
- **比亚迪股份有限公司（中国）**
- 卜蜂食品（Charoen Pokphand Foods）（泰国）
- 中国化工集团公司（中国）
- 中国海洋石油集团有限公司（中国）
- 中国铁建股份有限公司（中国）
- **Cielo（巴西）**
- 中信集团（中国）
- **Dangote Cemert（尼日利亚）**
- Discovery（南非）
- 雷迪博士实验室（Dr.Reddy’s Laboratories）（印度）
- Elsewedy Electric（埃及）
- 巴西航空工业公司（Embraer）（巴西）
- 阿联酋全球铝业公司（Emirates Global Aluminium）（阿联酋）
- 阿联酋阿提哈德航空公司（Etihad Airways）（阿联酋）
- 阿联酋电信（Etisalat）（阿联酋）
- EuroChem（俄罗斯）
- Falabella（智利）
- FEMSA（墨西哥）
- 福耀玻璃工业集团股份有限公司（中国）
- 浙江吉利控股集团（中国）
- 盖尔道钢铁集团（Gerdau）（巴西）
- 戈德瑞消费品公司（Goderj Consumer Products）（印度）
- 金光农业资源公司（Golden Agn-Resources）（印度尼西亚）
- 金风科技（中国）
- GRUMA(墨西哥）
- Grupo Empresarial Antioquena（哥伦比亚）
- Grupo Gloria（秘鲁）
- Grupo Mexico（墨西哥）
- 海尔集团（中国）
- **IHH Healthcare（马来西亚）**
- 印多福（Indofood）（印度尼西亚）
- Indorama Ventures（泰国）
- Infosys（印度）
- Iochpe-Maxion（巴西）
- **Jain Imigation Systems（印度）**
- **晶科能源控股有限公司（中国）**
- 快乐峰（Jollibee Foods）（菲律宾）
- 科奇财团（Koc Holding）（土耳其）
- 拉森特博洛公司（Larsen& Torbro）（印度）
- LATAM(智利）
- **LC Waikiki（土耳其）**
- 卢科尔石油公司（Lukoil）（俄罗斯）
- 印度鲁宾制药公司（Lupin）（印度）
- 马亨德拉（Mahindrs& Mahindra）（印度）
- **Mercado Libre（阿根廷）**
- 墨西哥化工集团（Mexichem）（墨西哥）
- **美的集团（中国）**
- 深圳迈瑞生物医疗电子股份有限公司（中国）
- Motherson Sumi Systems（印度）
- MTN（南非）
- Natura（巴西）
- OCP Group（摩洛哥）
- **OPPO（中国）**
- Pegasus Airlines（土耳其）
- 中国石油天然气集团有限公司（中国）
- 马来西亚国家石油公司（Petronas）（马来西亚）
- PTT（泰国）
- 卡塔尔航空公司（Qatar Airways）（卡塔尔）
- 印度信诚工业公司（Reliance Industries）（印度）
- 萨班哲控股公司（Sabanci Holding）（土耳其）
- **Safaricom（肯尼亚）**
- Sasol（南非）
- 中国中化集团有限公司（中国）
- 中国水利水电建设股份有限公司（中国）
- 印度太阳药业有限公司（Sun Pharmaceuticals）（印度）
- Tech Mahindra（印度）
- Tenaris（阿根廷）
- 泰国酿酒公司（ThaiBev）（泰国）
- 泰国联合冷冻食品公司（Thai Union Group）（泰国）
- **天齐锂业股份有限公司（中国）**
- 天合光能（中国）
- 土耳其航空公司（Turkish Airlines）（土耳其）
- 中国银联（中国）
- Universal Robina（菲律宾）
- UPL（印度）
- Vedanta Resources（印度）
- Vina Concha y Toro（智利）
- 巴西工业集团（Votorantim）（巴西）
- 万向集团（中国）
- 万高公司（WEG）（巴西）
- **潍柴动力股份有限公司（中国）**
- 威普罗公司（Wipro）（印度）
- 小米公司（中国）
- Yildiz Holding（土耳其）
- **郑州宇通客车股份有限公司（中国）**
- 中联重科股份有限公司（中国）

来源：BCG分析。
注：加粗标识公司是2018年新上榜的公司。

图66

2018年“全球挑战者”百强榜单，中国企业占据28个席位，其中比亚迪、晶科能源、美的集团、OPPO、天齐锂业、潍柴动力和宇通客车首次上榜。

如图67显示，自2000年以来，“全球挑战者”100名的股东回报率远高于全球老牌企业、标普指数、MSCI新兴市场指数。读者朋友们可以借此思维去选择科创股，因为开阔的思维将决定选股方向。

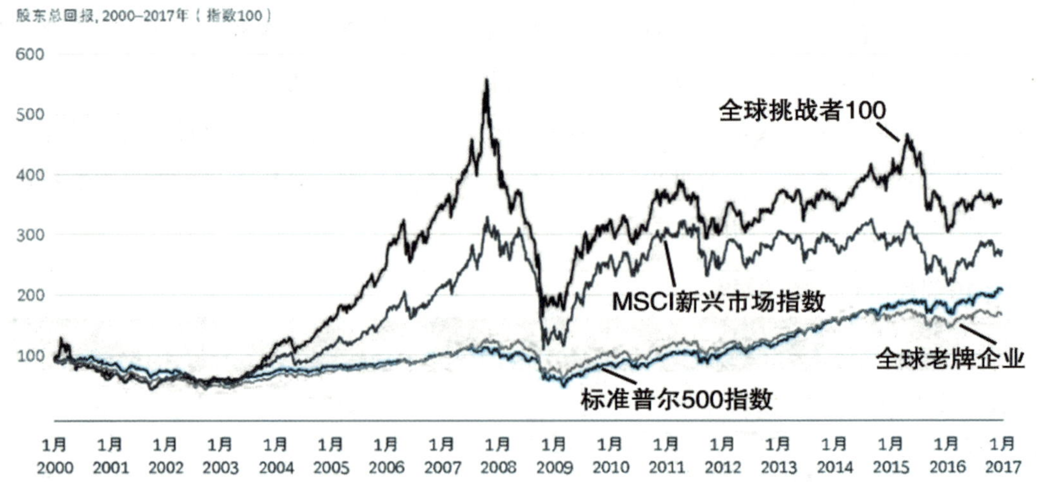

来源：Datastream；BCG分析。
注：所有的指数都经过成分股的市值加权得出。全球挑战者的业绩是基于92家上市全球挑战者的数据得出。全球老牌企业指的是和全球挑战者处于同行业的、来自成熟市场的跨国企业。股东总回报以美元计。

图67

五、有同业对比性的可参照

举个简单的例子，美国主板医疗器械类上市公司的市盈率在10倍到15倍之间，而A股医疗器械类上市公司的市盈率一般在30多倍到50多倍之间。这就是A股之间同业对比、A股与美股同业内的对比。新股上市就用这样的简单方式去比较同业的市盈率，即可评估该新股在未来上涨空间有多大。

笔者寄语

简单地说，哪只科创股“吃独食”的时间越久，行业空间未来需求就越巨大，若能押中一只，可以轻松帮助你实现财务自由。另外，高科技股炒的是“想象空间有多大、涨幅就有多大”。但是，一旦被炒高后，或不再有扩张的潜力空间，前期的风险投资者和主力想必也会弃之另投别家。所以，千万要当心，别在极高位置站岗。以上5大类选股思路，按先后择优顺序，提供给大家参考。要相信，未来财富增长最快的股票投资机会必将出现在科创板。

第二节
投资的分配

在科创板中选股是一种百里挑一的行为，好比在前面的章节中提到，港股市场中近一半的股票都是“仙股”，真正带领指数上行的个股仅不到三分之一，所以选股的难度系数非常大。因此一定要用分散法投资，合理配置投资资金。本节笔者将介绍以下几种投资分配建议，仅供大家参考。

一、按投资风格分配

如果投资风格偏向激进型，就选择以技术面的短线辅波段交易为主；如果投资风格偏向稳健型，就选择以基本面估值选股或走势较稳定的个股。当然，激进型投资者可多配置一些资金在科创板，稳健型投资者可多配置一些资金在主板市场的绩优白马股。

二、按资金大小分配

资金大于100万元的，也可以考虑主板和科创板股票一并参与（母子公司的股票），并且长线和中线组合持股最佳。资金小于100万元的，可以在母公司主板股票上面做短线，在子公司科创股上面做中线。因为主板与科创板块的分拆上市股票可能会存在价差机会，就好比以往的A股／H股的价差。

三、按资金使用周期分配

如果资金可使用周期长，当然建议中长线捂住科创股，才能享有多倍涨幅的回报，前期选股很关键。如果资金可使用周期短，只适合在刚上市的新股上面做短线，或上市满12个月后呈现有低位上升趋势中做短线辅波段。

四、按市场环境变化分配

在市场环境景气、人气活跃的情况下，使用50%～80%的资金用于交易；相反，当市场大环境不景气、人气冷淡的情况下，可以不用交易或只使用30%以内的资金用于交易。

也可以考虑把100万元划为4等份，每份25万元，分别投到主板、科创板、基金、黄金或期货T+0交易市场这4类资产中。假设投资一年后，总资产变为120万元，而这4项资产有亏有赚。要维持恒定比例，可以继续将120万元划为4等份配置。

科创板未来极可能会实现T+0交易制度，同时为了有效避开T+1被动亏损的情况，笔者建议在股票交易的时段之外，再用闲钱交易和学习一些T+0的相关知识。一方面可以实现投资对冲，另一方面可以实现技术水平的快速提升。例如，笔者精通国内外股票、国内外期货、黄金和原油以及外汇，哪个市场或品种有大趋势的机会，就侧重于哪个交易。技术是通用的，不要只关注单一市场或单一品种。

五、按多个标的股票分配

在实行注册制的科创板，往后发行上市的股票会越来越多，真正能持续表现优良的个股也许只有20%，即在选股方面建议多几个标的，可分多次多批买入不同的组合股票池。当然，也不建议太过于分散，在3～5只之间最佳。

六、100法则

按理财规划来讲，就是用100减去你的年龄，从而得出投资权益类资产的比例，你的年龄就等于投资固定收益资产比例。比如你今年35岁，那么就用35%的资金投资固定收益资产，65%的资金投资权益类风险资产。为什么要用这种方法？因为年轻的时候，你的风险承受能力较高，可以加大权益类风险资产的比重，但随着年龄的增长，你对风险的承受能力也开始降低，所以需要增加固定收益资产的比例。

笔者寄语

由于科创板的涨跌幅度较大，如果在主板市场中通过短线交易未见成效，再用同样方法、技巧在科创板操作，只会亏得更快、更惨，无疑放大了风险和收益。就拿美国和中国香港类似的交易制度来看，一方面是机构投资者居多，另一方面是以价值投资居多，仅少数的散户投资者属于短线交易者。涨跌幅越大，交易难度也就越大，如果再加上短线频繁的交易，盈利的难度会更大。既然是高新科学技术，不管将来能否垄断市场、不管将来会不会退出市场，在刚上市的12个月以内还是很值得期待。

所以，笔者认为，在刚上市的12个月内，不管是先下跌后上涨、先上涨后下跌，还是一直盘升，都存在不少交易机会。如果个别股定价太高、股质不好，也可能会出现上市高涨后一直下跌，然后再躺卧在低位一直横盘的现象。

总之，在高风险和高收益的科创板中，若想赚大钱就避开短线震荡的交易，侧重于中长线捂股，但选股和买股时间极为关键；特别是对于科创板打新中签的股数，只要股质好、大环境好，就不妨捂中长线。当然，风险是涨出来的，机会是跌出来的，所以不要怕大环境下跌，只要股质好也不要怕股价下跌，越跌机会越大。就好比2019年主板市场一轮大幅上涨中，创业板中不少股票的涨幅领先于其他个股，这就要感谢2018年熊市带来的大机会。在同等的低位条件下，相信科创板的优质个股上涨速度会比创业板要快得多。所以，请读者朋友们认真学习科创板的相关知识，当时机恰当时实现财富增长，并早日实现财富自由。

第三节
交易的常识

关于投资者的交易常识和交易风格以及交易习惯，均各自有着不同，但投资的目的只有一个，就是“盈利”。一切工作都是围绕着“盈利”而准备。在准备的过程中难免产生诸多曲折与干扰，笔者在本节中用简洁明了的形式大致梳理一些基本常识和注意事项。

一、科创板交易细节

1. 参与科创板的三种投资方式：打新股、二级市场交易和买基金。

2. 根据科创板的新股申购规则，以投资者沪深股票市值为准，市值达到10000元以上即可参与网上申购，每5000元市值可申购一个申购单位，不足5000元的部分不计入申购额度。网下询价和申购仅属于机构投资者，个人投资者无法参与。

3. 科创板采用注册制，IPO定价更加市场化，发行价格不再有估值（市盈率）限制，打新股中签后稳赚不赔的现象没有了，更要提防破发的风险。

4. 以往主板市场投资者大多采用“开板卖出”的原则，但是科创板上市前5日没有涨跌幅限制，行情可能一步到位，其操作难度会大一些。第6个交易日起涨跌停比例为20%。

5. 科创板和主板同样实行的是T+1交易制度，即今天买入到第2个交易日才能卖出，其他交易制度和主板市场有明显的区别，例如科创板“单笔限价买卖”不少于200股，单笔不超过10万股；“单笔市价买卖”不少于200股，单笔不超过5万股。

6. 科创板股票的申报价格变动单位不再像主板市场一样都是1分钱，而是像香港市场一样，依据不同股价的高低，采用不同的最小报价单位，往往股价高的股票申报价格最小单位都会较大。另外，有关科创板的代码：68XXXX为股票代码、787XXX为申购代码、789XXX为配号代码。对于上市时尚未盈利的发行人的股票或存托凭证，特别标识为“U”；对于具有表决权差异安排的发行人的股票或存托凭证，特别标识为“V”；上市公司股票被实施退市风险警示的，在公司股票简称前冠以“*ST”标识。

7. 在科创板上市的股票和存托凭证，可以参与盘后固定价格交易。这是指在收盘集合竞价结束后（15：00以后），交易系统按照时间优先顺序对收盘定价申报进行撮合，并以当日收盘价成交的交易方式。每个交易日的15：05—15：30为盘后固定价格交易时间，当日15：00仍处于停牌状态的股票不进行盘后固定价格交易。简单地理解，就是科创板比主板市场多交易25分钟，盘后固定价格交易有利于减少被动跟踪收盘价的大额交易以及对盘中交易价格的冲击。

8. 科创板四类市价申报：一是最优五档即时成交剩余撤销申报；二是最优五档即时成交剩余转限价申报；三是本方最优价格申报；四是对手方最优价格申报。其中，第一类和第二类是目前主板市场竞价交易的市价申报类型。第三类和第四类是科创板新增的申报方式。

本方最优价格申报：是以申报进入交易主机时，集中申报簿中本方最优报价为其申报价格。也就是说，当申报单为买单时，申报价为买一价格；当申报单为卖单时，申报价为卖一价格。若该申报进入主机时，集中申报簿中买方无申报的，则该申报将自动撤销。

对手方最优价格申报：是以申报进入交易主机时，集中申报簿中对手方最优报价为其申报价格。在此项下，当申报单为买单时，申报价为卖一价格；当申报单为卖单时，申报价为买一价格。也就是说，当投资者以对手方最优报价提交订单时，可实现即时成交。同样，若该申报进入主机时，集中申报簿中买方无申报的，则该申报将自动撤销。

9. 科创板股票有关融资融券具体细则请阅览本书后面的附录。《实施细则》中值得重点关注的是，科创板融券业务仍然实行T+1的交易制度，并没有按预期实行T+0交易制度；另一方面将券源扩大到公募、社保基金和战略投资者获配股票都可以出借。科创板实施注册制，在融券业务上相比主板、中小板、创业板等做出了很大突破。例如丰富了融券的来源，但也与提供券源的公募、社保基金、战略投资者等都构成了新市场的博弈关系。科创板股票相关代码段和科创板存托凭证相关代码段见表3和表4。

表3　科创板股票相关代码段

代码段	用途
688000688999	科创板股票
787000～787999	科创板股票网上申购
789000～789999	科创板股票网上申购配号
785000～785999	科创板股票配股
706600～706999	科创板公司要约收购、现金选择权

表4　科创板存托凭证相关代码段

代码段	用途
689000～689999	科创板存托凭证
795000～795999	科创板存托凭证网上申购
796000～796999	科创板存托凭证网上申购配号

二、科创板退市常识

1．科创板上市公司被实施退市风险警示的，是否会被冠以相关标识？

与沪市主板公司一样，科创板上市公司股票被实施退市风险警示的，在公司股票简称前冠以“*ST”字样，以区别于其他股票。

2．科创板上市公司股票被实施退市风险警示期间，应如何交易？

与上交所主板不同，科创板上市公司股票被实施退市风险警示期间，不进入风险警示板交易，不适用风险警示板交易的相关规定。

3．可能引起科创板上市公司强制退市的情形有哪些？

根据《科创板股票上市规则》，科创板上市公司可能退市的情形主要包括：

（1）重大违法强制退市，包括信息披露重大违法和公共安全重大违法行为；

（2）交易类强制退市，包括累计股票成交量低于一定指标，股票收盘价、市值、股东数量持续低于一定指标等；

（3）财务类强制退市，即明显丧失持续经营能力的，包括主营业务大部分停滞或者规模极低，经营资产大幅减少导致无法维持日常经营等；

（4）规范类强制退市，包括公司在信息披露、定期报告发布、公司股本总额或股权分布发生变化等方面触及相关合规性指标等。

此外，投资者还需明白，对于科创板上市公司股票被终止上市的，不得申请重新上市。

4．科创板上市公司重大违法强制退市情形有哪些？

根据《科创板股票上市规则》规定，上市公司重大违法强制退市的情形包括：

（1）上市公司存在欺诈发行、重大信息披露违法或者其他严重损害证券市场秩序的重大违法行为，且严重影响上市地位，其股票应当被终止上市的情形；

（2）上市公司存在涉及国家安全、公共安全、生态安全、生产安全和公众健康安全等领域的违法行为，情节恶劣，严重损害国家利益、社会公共利益，或者严重影响上市地位，其股票应当被终止上市的情形。

5．科创板退市整理股票是否被冠以相关标识？

科创板退市整理股票的简称前会冠以“退市”标识。但需要投资者注意，科创板退市整理股票不进入上交所风险警示板交易，不适用上交所风险警示板股票交易的相关规定。

6．科创板公司退市整理期的交易期限，是如何规定的？

与上交所主板一样，科创板公司退市整理期的交易期限为30个交易日。公司股票在退市整理期内全天停牌的，停牌期间不计入退市整理期，但停牌天数累计不得超过5个交易日。

累计停牌达到5个交易日后，上交所不再接受公司的停牌申请；公司未在累计停牌期满前申请复牌的，上交所于停牌期满后的次一交易日恢复公司股票交易。

7．科创板上市公司在退市整理期内，如何进行公告？

上市公司股票进入退市整理期的，公司及相关信息披露义务人仍应当积极履行信息披露及相关义务，提示投资者注意相关风险。上市公司应当于退市整理期的第1天，发布公司股票已被上交所作出终止上市决定的风险提示公告，说明公司股票进入退市整理期的起始日和终止日等事项。

科创板上市公司应当在退市整理期前25个交易日内，每5个交易日发布一次股票将被终止上市的风险提示公告，在最后5个交易日内每日发布一次股票将被终止上市的风险提示公告。

8．科创板公司强制退市后，投资者是否可以交易转让相关股票？

退市整理期届满后5个交易日内，上交所对公司股票予以摘牌，公司股票终止上市，并转入股份转让场所挂牌转让。公司应保证股票在摘牌之日起45个交易日内可以挂牌转让。

三、防套路，防骗局

每一个新生品种或新生市场，都会有不法分子钻漏洞、打擦边球，对于众多知识未普及到位的投资者，很容易上当受骗，例如本书前述中有关“新三板”市场的一些乱象。望投资者一切按照正规渠道和规范形式参考，不要受到他人的任何诱惑，以免上当受骗。

投资者可以从以下主要渠道获取关于科创板交易的相关信息：

从上交所官方网站（www.sse.com.cn）的“科创板专栏”了解更多关于科创板的信息；此外，投资者还可以登录上交所投资者教育网站（edu.sse.com.cn），关注“上交所投教”微信公众号，了解并获取更多关于科创板交易的投教材料。

四、谋定而后动，知止而有得

谋定而后动。在选股时一定要先注意发行价与市盈率的估值高与低，从基本面获悉该科技对市场的需求量和成熟性以及成长性。上市首5日多看少动，待后面行情稳定下来，走势明确时再做交易的策略。当然，具有一定技术水平或抗风险力强的投资者，也可在首5日内适当参与。

知止而有得。由于涨跌幅度较大，要么选择极低或合理的低位买进后中长期捂股，可避开日内的宽幅波动影响；要么选择在有底仓的情况下通过日内短线T+0交易赚取一定差价。总之，不能过于贪婪，适可而止，否则一个跌停就是20%的回撤。

五、量化定式交易模型

很多人入市后都有过盈利的经历，但大多数人最终因亏损而离场，其间也曾付出过很多的心血去学习、研究以及分析，但他们亏损的原因就是没有一种固定交易模型去实现稳定盈利。例如不随心所欲地频繁交易，而是有条件信号和章法规则性地执行交易计划；没有加、减仓的节奏和习惯，而是建议分仓和分批执行交易，并只在盈利的基础上不断增仓、急拉快涨远离均时再减持、回踩后再重拾升势时继续增仓……仓位加减细节取决于你对行情的节奏规律掌握，也是对技术含量的考验；由于科创板的涨跌幅是20%，那么完全可以通过分时图技巧参与日内T+0短差交易。“志尚投教”课程中有更多关于交易中的六大固定模型细节讲解，。请使用微信扫一扫“志尚投教”小程序（二维码）（见图68）进入在线视频学习，另请关注“志尚投教”微信公众号，从“志尚投教”公众号底栏点击“志尚投教”进入，也可在电脑上学习。笔者著作的《T+0分时图交易技巧大全》这本书近年一直很热销，2014—2018年已经近10次增加印刷，全新修订版于2019年7月再次上架。

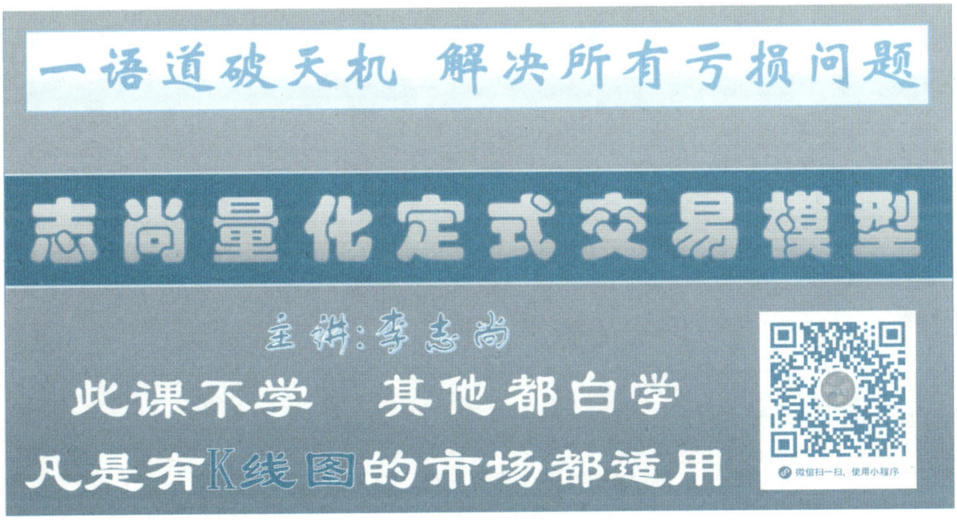

图68

笔者寄语

笔者自2011年专注投资者教育培训以来发现，交易方面的技术知识容易学，只要用心学，人人都能学会。但笔者认为，这些知识只占成功的50%，还有另外的50%不是技术面和基本面的知识，而是要用交易模型去克制很多不足。当然，心态和行为习惯以及信仰也极其重要，那么该如何做才能在事前让自己的心态好起来？如何培养自己的良好行为习惯？每个人的交易信仰又是什么样的？别急，大家所想所需，笔者作为资深的投资教育者，早已一清二楚。所以，笔者已经规划出新作品——《一张K线图赢遍全球市场》《一种交易模型赢遍全球市场》《一种交易心态赢遍全球市场》《做精期货一本通》4本系列图书，预期在2020年出版，敬请读者朋友们关注。

第五章

关于科创基金：基金门槛虽低但不能随意投

本章要点

由于投资科创板必须满足50万元资产和2年证券交易经验的高门槛，85%的中小散户投资者无法直接交易，唯有通过科创基金参与。在选择投资科创基金之前，笔者先带大家回顾以往类似的基金表现状况并从中梳理出一些相关可借鉴的经验。

第一节
纵观创业板基金

创业板推出已经过去十余年，创造出不少财富传奇。

一、创业板推出利好券商股

在2008年3月创业板征求意见稿发布后的一个月，受开设创业板的利好刺激，券商板块大涨，单月涨幅达到31.2%，远超同期上证综指的3.2%的涨幅。

2018年11月5日国家主席习近平宣布“科创板”设立，同样刺激券商板块大幅上涨，从2019年1月至3月券商板块指数上涨60%，同期上证指数上涨31.7%；个股中信证券（600030）在此期间涨幅74%、次新股中信建投（601066）在此期间涨幅230%。何为龙头？就是涨幅比大盘指数和板块指数都要大的个股。

二、创业板推出对哪些行业最有利

从行业第一反应来看，2009年10月末创业板上市后，短期内医药生物、传媒、电子行业均产生超过10%的收益。

2009年10月首批28家企业正式上市，以及在同年12月末第二批8家企业创业板上市，此期间TMT（科技、媒体和通信）全线大涨。2个月内电子、计算机、通信、传媒分别上涨22.9%、21.8%、19.2%、11.9%，均高于同期上证综指9.4%的涨幅。

三、创业板分批上市后的涨幅对比

从表5中可以明显看出第一批上市的股票最受欢迎，平均涨幅度也是最大的，随后四批相比之下逐渐递减。笔者认为，在科创板第一批上市首日的平均涨停理应比上述大许多，因为前5个交易日不限涨跌幅。其次，同样也会出现逐批递减的可能。

表5　创业板前五批上市股票首日平均涨幅

批次	上市时间	股票数量	首日平均涨幅
第一批	2009年10月30日	28家	106.23%
第二批	2009年12月25日	8家	45.21%
第三批	2010年1月8日	6家	31.98%
第四批	2010年1月20日	8家	22.97%
第五批	2010年2月11日	4家	14.60%

四、创业板行业权重

从图69中可以看出，医药生物、计算机、传媒和电子等行业位居创业板指数权重前四位，这些都是高成长的新兴行业，代表了中国新经济的中坚力量。

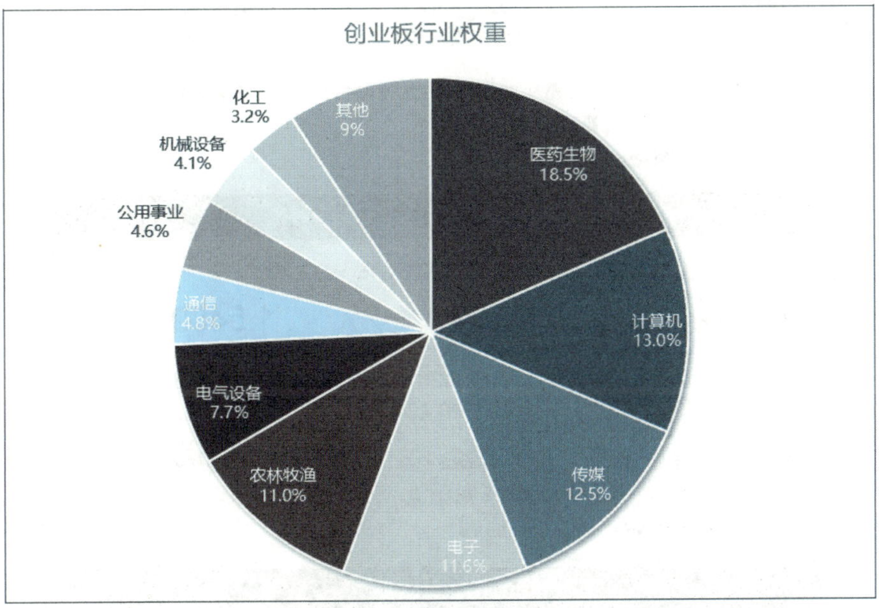

图69

五、创业板指数

创业板指数发布于2010年6月1日，基点为1000点。2015年牛市时，该指数从2012年12月初的最低点585点起步，一路涨到2015年6月初的4038点，涨幅高达590%。截至2018年10月最低1184点，跌幅达71%。从估值来看，2019年5月创业板指数最新PE为27.9倍，大幅低于历史平均值52倍，属于偏向低估值区域，若到20～25倍属于严重低估区域。主板不同，主板20倍左右属于合理区域，10倍以下为严重低估区域。

六、创业板基金

从创业板的指数基金规模来看，前三名为：易方达创业板ETF（159915）、富国创业板指数分级（161022）、易方达创业板ETF联接A（110026）。

创业板指数基金总共不到30只，且一半左右的基金规模都在1亿元以下。从图70基金规模来看，规模最大的基金为易方达创业板ETF（159915），最新规模为209.42亿元，成为当之无愧的“巨无霸”。从“成立以来”的收益来看，易方达创业板ETF为64.43%，易方达创业板ETF联接A为55.48%，此收益还算可观的了，至少没有跑输整体市场。

易方达创业板ETF(159915)

净值估算2019-05-29 15:00	单位净值（2019-05-29）	累计净值
1.4354 ↓ -0.0066 -0.46%	1.4353 -0.46%	1.6443
近1月：-7.20%	近3月：-2.41%	近6月：14.45%
近1年：-14.37%	近3年：-27.32%	成立以来：64.43%
基金类型：ETF-场内	基金规模：209.42亿元（2019-03-31）	基金经理：成曦等
成 立 日：2011-09-20	管 理 人：易方达基金	基金评级：暂无评级

跟踪标的：创业板指数(价格) | 跟踪误差：0.03%

富国创业板指数分级(161022)

净值估算2019-05-29 15:00	单位净值（2019-05-29）	累计净值
0.9934 ↓ -0.0046 -0.46%	0.9940 -0.40%	1.5480
近1月：-6.75%	近3月：-2.26%	近6月：13.53%
近1年：-14.42%	近3年：-26.43%	成立以来：-1.41%
基金类型：股票指数 | 高风险	基金规模：66.05亿元（2019-03-31）	基金经理：王保合等
成 立 日：2013-09-12	管 理 人：富国基金	基金评级：暂无评级

跟踪标的：创业板指数(价格) | 跟踪误差：0.18%

易方达创业板ETF联接A(110026)

净值估算2019-05-29 15:00	单位净值（2019-05-29）	累计净值
1.5545 ↓ -0.0072 -0.46%	1.5548 -0.44%	1.5548
近1月：-6.84%	近3月：-2.37%	近6月：12.90%
近1年：-14.22%	近3年：-25.02%	成立来：55.48%
基金类型：联接基金 | 高风险	基金规模：47.41亿元（2019-03-31）	基金经理：成曦等
成 立 日：2011-09-20	管 理 人：易方达基金	基金评级：暂无评级

跟踪标的：创业板指数(价格) | 跟踪误差：0.15%

图70

从“累计收益走势”仅看易方达创业板ETF。如图71，同为2015年6月12日最高值来看，与沪深300相比，易方达创业板ETF为324.37%，同类平均为116.58%，沪深300为98.34%，收益远高于同类和沪深300指数。与创业板指数相比，易方达创业板ETF为324.37%、同类平均为116.58%、创业板指数为355.14%，收益几乎与创业板指数同步。

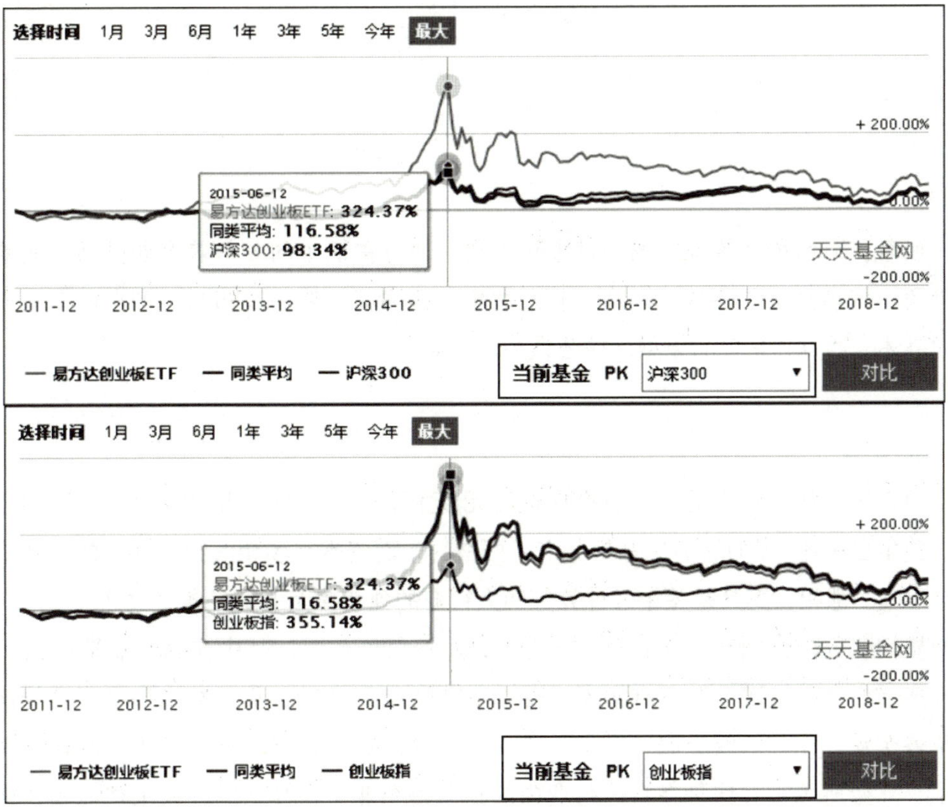

图71

笔者寄语

从上述内容可以直观地看出，创业板的收益远高于主板，由此也可以联想到科创板的收益预期。不过，从2019年初所有创业板基金来看，年化“正收益”的家数也就20%左右，80%左右的基金产品均为负收益，当然也与2018年熊市有关。所以，在选择投资科创板基金时，还需谨慎，而不是随意投资。另外，不论市场环境好与差，都会出现牛股和熊股，例如创业板的爱尔眼科（300015）是涨幅超过10倍的大牛股，而最差的金亚科技（300028）是跌幅达98%的大熊股。

第二节

纵观独角兽基金

“独角兽”为神话传说中的一种虚构生物。西方神话中的独角兽形如白马，额前有一个螺旋角，代表高贵、高傲和纯洁。有的故事中描述其长有一双翅膀，甚至还有独角兽是黑色的描述。西方独角兽的原型已被公认为印度犀牛。

一、独角兽企业的定义

“独角兽企业”在投资界一般指10亿美元以上估值，并且创办时间相对较短的企业。关于“独角兽企业”IPO的消息是颇令市场振奋的，而资本市场相关独角兽类的企业也出现了不同程度的涨幅，尤其是关于云计算等四大行业的独角兽企业更是备受关注。

据胡润研究院的研究，中国2017年有120家独角兽企业，其中在高端制造、云计算、人工智能、生物科技四个领域有29家。在“互联网+X”领域，更是存在许多耳熟能详的大型独角兽企业。比如蚂蚁金服、微信、支付宝、美团点评、饿了么、携程、滴滴出行、摩拜单车、陆金所等被看作是在自己行业内的独角兽企业。在互联网、人工智能等行业，小米、大疆、蔚来汽车等也都属于自己行业内的佼佼者。此外，在人工智能、大数据、生物科技等核心技术领域也有一批具备竞争优势的独角兽企业。

根据CB Insights2018年公布的全球独角兽企业榜单，中国独角兽企业数量达到88家，仅次于美国的151家，比第三的英国（15家）和第四的印度（14家）要超出许多。从行业分布来看，中、美两国的独角兽企业都比较集中在互联网、电子商务领域，这也说明在这两个领域两大经济体是相类似的。

2019年5月19日，全国社会保障基金理事会原副理事长王忠民，在2019中国供应链高峰论坛上表示：“社保基金投了蚂蚁金服5%，今年的估值已经翻了5倍。”王忠民还表示，中国今天已然处在大C①历史背景中，我们应该找到那些C点还没有被替代的东西。但是今天再

① C是英文单词“consumer”的首字母缩写，指的是消费者个人用户，C端顾名思义就是面向个人用户提供服务的产品。

找C端没有被替代、开发和挖掘的时候，就像“瑞幸咖啡”，外国人的咖啡怎么样让每个中国人每天喝1杯，这个就已经了不得了。

二、6只独角兽战略配售基金

2018年7月5日，6只独角兽战略配售基金成立，分别是汇添富战略配售（LOF）（501188）、易方达战略配售（LOF）（161131）、华夏战略配售（LOF）（501186）、嘉实战略配售（LOF）（501189）、南方战略配售（LOF）（160142）、招商战略配售（LOF）（161728），这些基金概况如表6所示。其中，汇添富、华夏、嘉实3家在上交所挂牌交易，易方达、招商、南方在深交所挂牌交易。所以交易代码有所差异，上海是50开头，深圳是16开头。在任何股票行情软件输入代码都可查看该基金的行情。

表6　6只独角兽战略配售基金概况（2019-5-29）

排名	基金代码	基金名称	规模	成立以来的收益
1	501188	汇添富战略配售	153.61亿	6.29%
2	160142	南方战略配售	190.95亿	5.95%
3	161728	招商战略配售	259.58亿	5.34%
4	161131	易方达战略配售	256.26亿	5.09%
5	501186	华夏战略配售	118.08亿	4.55%
6	501189	嘉实战略配售	123.39亿	3.50%

监管层是如何最终圈定这6家基金公司的？必然是因为它们的背景与实力。“独角兽基金”由证监会主导，在制度上享有一定红利，即这6只基金在参与CDR时价格上有望获得一定程度折扣，甚至管理费低至0.1%。换一句话说，如果收益不理想，岂不是砸了领导层的招牌。但问题是，封闭期为3年，每半年开放申购一次。

回看药明康德（603259）上市后的16个涨停板，“独角兽基金”看起来简直就是会下金蛋的母鸡，躺着都能赚钱的样子。不过，预期的境外中概股回到A股发行CDR却迟迟没有进展，到2020年7月之前，还有不到一年的时间，就看还有哪些独角兽企业能上市。

在独角兽基金成立和募集到资金后，大盘指数不断下跌，不过这些基金也没闲着，天天坚持逆回购；不仅躲过了股市大跌，还赚到了“债券牛市”和中一些新股。

例如汇添富战略配售基金2018年第三季度末持仓中“股票持仓为0、债券持仓93.46%”；图72中招商、易方达、南方、汇添富等4只“独角兽”基金配售了A股中国人保

十大股东　　截止日期：2019-03-31

本期十大股东合计持有4319154.42万股，累计占总股本比97.67%

股东户数280181　户均持股157841　流通A股东户数274204　流通A户均持股3688

股东名称	持股数（万股）	占总股本比	股份类型	增减情况（万股）
中华人民共和国财政部	2989618.96	67.60% A股	受限流通A股	维持
HKSCCNOMINEESLIMITED	870502.76	19.68% H股	流通H股	-0.73
全国社会保障基金理事会	380156.70	8.60% A股	受限流通A股	维持
中国人寿保险股份有限公司-传统-普通保险产品-005L-CT001沪	29475.00	0.67% A股	受限流通A股	维持
太平人寿保险有限公司-传统-普通保险产品-022L-CT001沪	8982.00	0.20% A股	受限流通A股	维持
新华人寿保险股份有限公司-分红-个人分红-018L-FH002沪	8982.00	0.20% A股	受限流通A股	维持
中国银行股份有限公司-招商3年封闭运作战略配售灵活配置混合型证券投资基金（LOF）	8982.00	0.20% A股	受限流通A股	维持
中国建设银行股份有限公司-易方达3年封闭运作战略配售灵活配置混合型证券投资基金（LOF）	7485.00	0.17% A股	受限流通A股	维持
中国工商银行股份有限公司-汇添富3年封闭运作战略配售灵活配置混合型证券投资基金（LOF）	7485.00	0.17% A股	受限流通A股	维持
中国工商银行股份有限公司-南方3年封闭运作战略配售灵活配置混合型证券投资基金（LOF）	7485.00	0.17% A股	受限流通A股	维持

图72

（601319）IPO的新股，锁定期12个月。中国人保发行价为3.34元/股，发行价算是超低，上市后4只参与战略配售的基金赚取6个涨停板，浮盈132%。

三、独角兽战略配售基金的未来

1. 从价值来讲：第一是政府层亲手牵头设立；第二是从成立一年以来可以看出投资很有稳妥性战略；第三是相比其他货币基金的收益高出一倍；第四是优惠折扣多的优势。

2. 从预期来讲：一方面是政府层对CDR是否继续重视或放开限制条件，鼓励中概股回归；另一方面是6只战略配售基金可以直接参与科创板，就这方面大家可以去想象了。笔者认为，“独角兽基金”的未来还是值得期待的，不要只看当前的收益高不高，还要看稳不稳。

四、场外与场内购买方式

1. 场外申购“独角兽基金”半年才开放申购一次，封闭期满才能赎回。场外申购费的成本如申购费和赎回费，会比场内交易的成本高许多倍。

2. 场内交易就比较简单化了，与买股票一样，输入基金代码、填写价格和数量，就可操作买卖。

笔者寄语

由于50万元资产和2年交易经验的投资门槛，不少投资者被挡在了科创板门外，没办法直接投资科创板股票。这6只独角兽战略配售基金，可以直接参与科创板，投资者通过二级市场购买该基金，显然是投资科创板的另一条参考路径。另外，笔者给基民朋友一个组合建议，不妨将上证50ETF、创业板ETF和独角兽战略配售基金，三种基金进行组合配置投资，将来理应会有不错的收益。当然，以后若再现熊市时，除了债市，最好的选择就是暂离股市，或者可考虑参与T+0市场。上述仅为笔者个人的观点，供大家参考而已！

第三节
纵观“互联网+”基金

2013年以“余额宝”为代表的互联网货币基金，引爆了全民理财热潮。但由于金融产品的研发和销售等技术未成熟，以及相关法律法规的暂缺，最终导致了P2P业的一片乱象。

2015年，有11只规模超百亿元的“互联网+”基金发行，共计数十只“互联网+”基金在4年过去后多数为亏，个别基金亏损甚至超过70%，曾经再热火朝天的互联网概念经炒作后“一地鸡毛”。

网络差评较多的是“工银瑞信”，它是2015年6月5日国内首只“互联网+”基金（001409工银瑞信“互联网+”股票），是业内首只明确以“互联网+”为主题的股票型基金。

“工银瑞信”刘天任曾经表示，“互联网+”是改革的抓手，本质并不是转型做互联网公司，而是体现互联网的思维，如大平台思维、行业深度垂直思维等。由于最后能形成平台的公司实际上很少，所以更看重在大平台下面，很多新兴行业或传统行业形成的一些小平台，通过深度垂直来积聚流量用户和资源。

“工银瑞信‘互联网+’股票”基金合同显示，这只基金主要投资A股市场中互联网相关行业的股票，例如O2O①、B2B2C②、信息安全、大数据应用、云计算及存储服务、物联网、人工智能等行业的股票。2018年6月5日成立至2019年第一季度，亏损的幅度最大已经超过了70%，总计分红0次，拆分0次。

从图73累积收益可以看出，“工银瑞信‘互联网+’股票”2019年第一季度低于同类平均值和沪深300。基金规模33.71亿元，成立以来亏损69.50%。这其中主要因素也源于2015年至2018年大轮熊市行情，但“互联网+”的确不是近年的投资热点。

除此之外，还有中银“互联网+”股票（001663），于2015年8月6日成立以来，规模

① O2O：Online To Offline，是指将线下的商务机会与互联网结合，让互联网成为线下交易的平台。

② B2B2C：Business To Business To Customer，第一个B指广大的卖方，第二个B指交易平台，C即买方，指电子商务企业构建自己的物流供应系统，提供统一的服务。

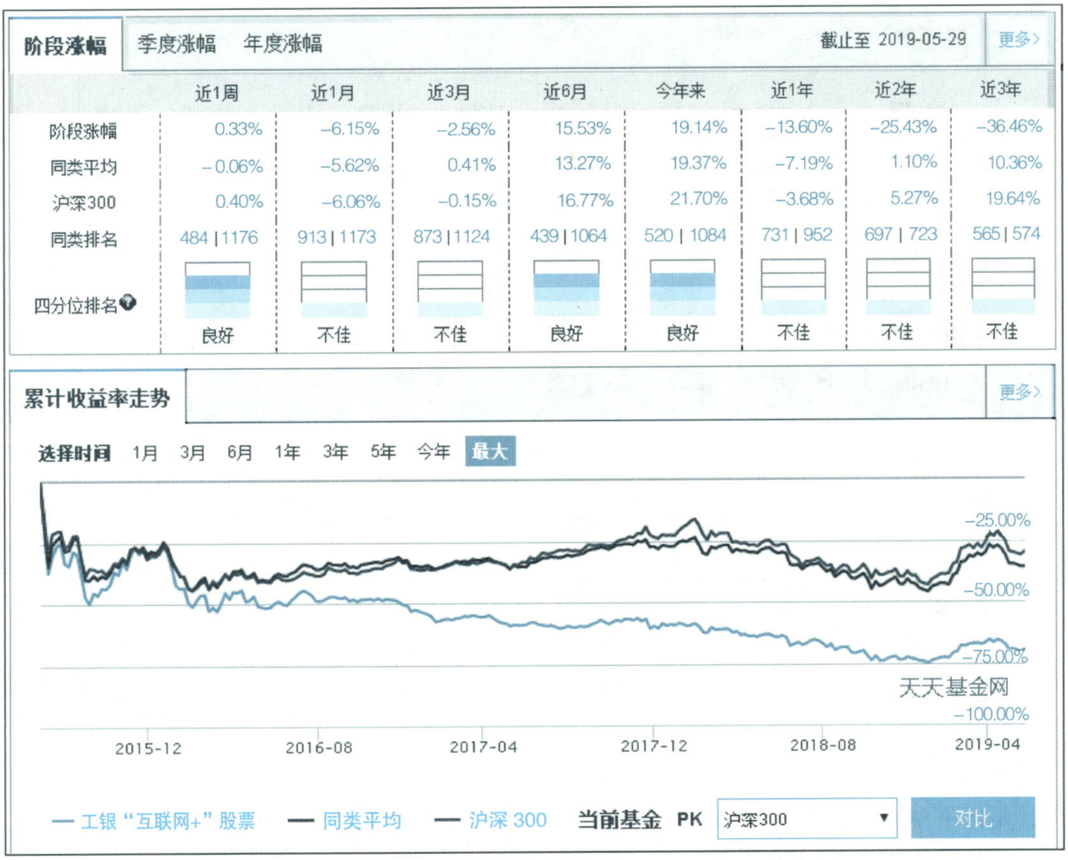
阶段涨幅　季度涨幅　年度涨幅　截止至 2019-05-29　更多>

	近1周	近1月	近3月	近6月	今年来	近1年	近2年	近3年
阶段涨幅	0.33%	-6.15%	-2.56%	15.53%	19.14%	-13.60%	-25.43%	-36.46%
同类平均	-0.06%	-5.62%	0.41%	13.27%	19.37%	-7.19%	1.10%	10.36%
沪深300	0.40%	-6.06%	-0.15%	16.77%	21.70%	-3.68%	5.27%	19.64%
同类排名	484 | 1176	913 | 1173	873 | 1124	439 | 1064	520 | 1084	731 | 952	697 | 723	565 | 574
四分位排名	良好	不佳	不佳	良好	良好	不佳	不佳	不佳

图73

0.79亿元，亏损11.90%，总计分红0次，拆分0次。

也有盈利的基金，例如国泰“互联网+”股票（001542）（见图74），于2015年8月4日成立以来，规模38.41亿元，盈利62.48%，2018年9月26每份派现金0.0700元，2018年6月26每份派现金0.0890元。整体强于同类平均值和沪深300。

2015年12月16日，中国人民引以为傲的“第二届世界互联网大会”开幕，国家主席习近平出席并发表演讲。自2014年首届世界互联网大会举行后，美丽的江南水乡古镇乌镇便有幸成为这一盛会的永久会址。

“世界互联网大会”是一次全球盛会。据新华社报道，参会嘉宾来自五大洲120多个国家和地区，包括20多个国际组织的负责人，以及600多位互联网企业领军人物、互联网名人、专家学者，涉及网络空间各个领域，体现多方参与。由此引起当时“互联网+”基金界的热潮。

对于专业投资者来讲，笔者推荐“Wind经济数据库”，该平台整合了海量全球宏观和行业统计数据，数据及时、准确，查找、分析和图形功能强大，支持在Excel动态提取数

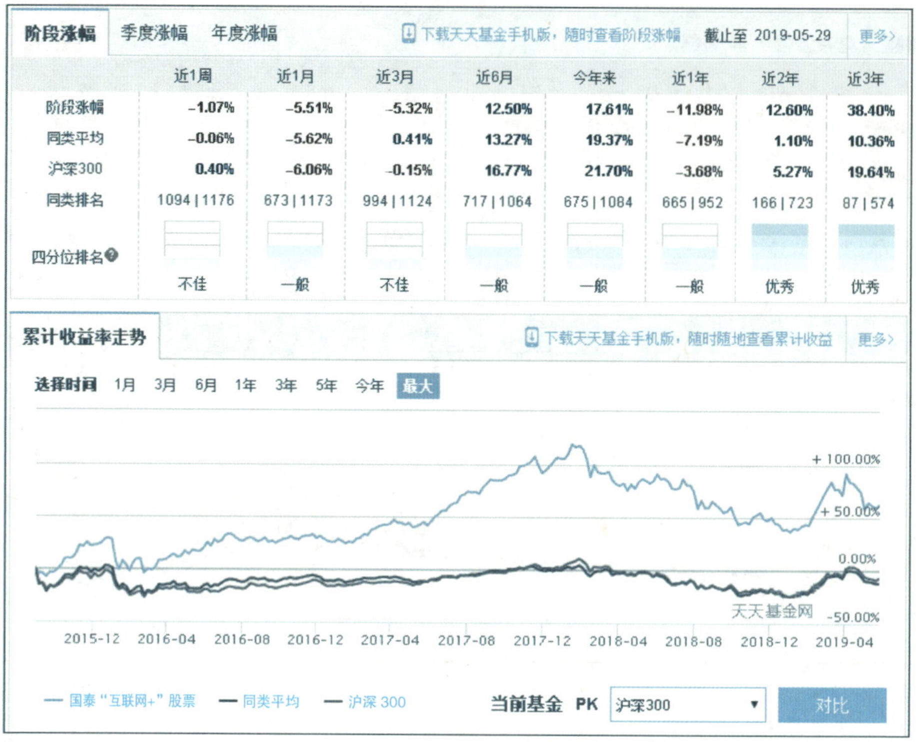

	近1周	近1月	近3月	近6月	今年来	近1年	近2年	近3年
阶段涨幅	-1.07%	-5.51%	-5.32%	12.50%	17.61%	-11.98%	12.60%	38.40%
同类平均	-0.06%	-5.62%	0.41%	13.27%	19.37%	-7.19%	1.10%	10.36%
沪深300	0.40%	-6.06%	-0.15%	16.77%	21.70%	-3.68%	5.27%	19.64%
同类排名	1094 | 1176	673 | 1173	994 | 1124	717 | 1064	675 | 1084	665 | 952	166 | 723	87 | 574
四分位排名	不佳	一般	不佳	一般	一般	一般	优秀	优秀

图74

据，是经济学家、策略分析师、行业研究员必备的数据库系统。例如可以查阅“中国互联网+指数分析”，运用大数据做全面分析和了解。

笔者寄语

笔者认为，随着5G技术的成熟与5G被广泛应用，对于互联网金融、互联网农业、互联网医疗、互联网教育、互联网制造和物联网等领域，未来或许还有许多值得期待的地方。

针对上述而言，“互联网+”基金产品太多，涉及的市场类型也太分散，相关个股也比较多，整体不够集中，针对性不明确。

老股民都知道，互联网从20世纪90年代初期兴起，到2000年前后形成一个阶段高潮，然后急转直下引起“网络泡沫破灭”，无数网络科技股破产而退出市场，其中包括腾讯都差点没活下来。所以，投资互联网相关企业还需谨慎，更不要在热潮浪尖上跟风，否则一浪打下来将是血本无归。

第四节
科创基金投资方式

在多份“科创板相关细则”出台后的一周，市场掀起一波热潮。不过因为科创板的门槛过高，投资者一窝蜂地竞相申报“科创板基金”。公开数据显示，截至2019年3月4日，已申报的科创板基金已达36只，截至2019年3月3日就有5家基金公司提交申报科创板基金材料。这阵势使人想起2018年火热的“独角兽基金”，就连人们上菜市场，都能被塞上一张“独角兽基金”的宣传单。

一、科创基金已发行的产品

从2019年4月22日开始，首批7只科创主题基金开始发售。份额发售公告显示，7只产品的“首募上限”规模合计为70亿元人民币。同年4月26日“易方达科技创新混合”率先发售，其余6只“科技创新基金”于2019年4月29日开始销售。由于每只10亿元募集上限，就在该月26日上午，“易方达科技创新”在中国银行渠道认购规模已超50亿元，配售比例预计15%，购买1万，预计成交1500元，想要买到理想的配额，需按照4～5倍金额买。其中“汇添富”以3.6%配售比创下超低纪录。由此看来，科创基金极为火爆。

时隔一个多月，2019年5月27日第二批5只科创主题基金获批。从公开资料获悉，广发、华安、鹏华、富国、万家5家公司拿到科创主题基金批文。且本次获批不同之处在于，5只科创主题基金均为可参与科创板“战略配售和网下打新”的封闭式基金，于6月份初开始发售。

2019年5月27日获批的基金产品包括：华安科创主题3年封闭运作灵活配置混合基金、鹏华科创主题3年封闭运作灵活配置混合基金、富国科创主题3年封闭运作灵活配置混合基金、万家科创主题3年封闭运作灵活配置混合基金、广发科创主题3年封闭运作灵活配置混合基金。

截至2019年5月27日，已申报的科创主题基金已达104只，其中已获得一次书面反馈的有76只，占比超七成。除去已获批的12只，还有92只科创主题基金等待获批。

2019年4月16日上海证券交易所发布的《上海证券交易所科创板股票发行与承销业务指引》显示，符合条件的公募基金可参与科创板股票发行的战略配售，包括以公开募集方式设立，主要投资策略包括投资战略配售股票，且以封闭方式运作的证券投资基金。

值得注意的是，基金参与战略配售存在“双一限制”。《上海证券交易所科创板股票发行与承销实施办法》指出：以基金管理人的名义作为1名战略投资者参与发行，同一基金管理人仅能以其管理的1只证券投资基金参与战略配售。至于未来封闭式科创主题的收益，曾有业内人士表示：“战略配售优势是可以取得配售筹码，但竞争也非常激烈，如果配多了股数，当股价下跌就很被动了。”

二、哪些渠道可买科创板基金

从7只科创基金最早的发售公告看，除了南方科创板基金的发售渠道较多，涵盖了大中型银行、券商及第三方电商渠道，其他不少科创基金的发售平台仅一两家，主要是基金公司直销平台、托管行或者是股东方银行。不过，它们近日纷纷发公告增加了大批代销机构。

汇添富科创基金原来的销售渠道是13家传统银行和券商，一口气增加了155家，基本上把市面上具有基金代销资格的银行、券商、财富管理公司、互联网基金平台一网打尽。

这些渠道里只有通过汇添富自己的网上直销系统“现金宝”（trade.99fund.com）或移动客户端“现金宝”App认购本基金A类份额实施0.1折优惠费率。

富国基金发公告称增加代销机构，连续两日增加了32家和16家，囊括了主流银行、券商和其他基金代销机构。

南方基金的代销机构原本就有112家，基本覆盖了大部分的银行、券商、期货、独立代销机构等。

嘉实科创板基金原来只有嘉实基金自己的渠道和招行一家代销机构，但嘉实基金发公告称增加代销渠道，例如增加了蚂蚁基金、腾安基金和北京肯特瑞三个代销渠道。

腾讯理财通科创板基金也将开始认购，用户可在微信钱包内正式认购相关产品。

在支付宝可购买的基金产品有5只：华夏科技创新混合型证券投资基金、富国科技创新灵活配置混合型证券投资基金、嘉实科技创新混合型证券投资基金、汇添富科技创新灵活配置混合型证券投资基金、南方科技创新混合型证券投资基金。普通投资者在支付宝平台上购买科创板基金的起投金额为1元。

另外，部分券商资管部门也在筹备针对科创板或科创主题基金，主要投资标的为基金中的基金FOF小集合资管产品；值得一提的是，由于该类产品属于私募性质，仍具有100万元起投的投资门槛要求。此外部分券商也启动了科创板资管产品的发行，随后针对科创板或主题基金的FOF产品也将出现。

2019年5月9日，在2019全球（青岛）创投风投大会上，青岛市政府副市长刘建军表示，青岛将用最有力的政策举措激活创投风投，这种支持首先表现在政策的制定上。日前，青岛市出台了《打造创业投资风险投资中心若干政策措施》（以下简称“青岛十条”），“青岛十条”覆盖“募、投、管、退”全流程。其中，在支持募资方面，新设500亿“科创母基金”，为创投风投机构提供全方位资金支持，同时支持债券、信托、保险资金等多渠道募资。

科创基金理应投资分为原始创新、成果转化及高精尖产业3个阶段，其侧重点一般是原始创新阶段，投资方向是新一代信息技术、高端设备、新材料、新能源、节能环保、生物医药等科技创新领域的企业。

笔者寄语

基金产品名称有“科创”词汇的，并不一定是真正的科创板基金，大家在认购时还需认清楚。往后，预计还会有第三、第四批基金获批，又将是混杂的现象。奉劝各位不要轻信身边亲朋好友的推荐，或用各种通信方式联系你的业务销售，一定要自主判断和选择，以及在正规的渠道购买。

第五节
科创基金投资技巧

“创业板”整体成长性都将优于“中小板”和“主板”。随着经济结构调整和转型进程的推进，政府政策红利、产业资本与金融资本都会推动优势资源向创新型公司倾斜，具备核心竞争优势的成长型公司将强者恒强，但不是所有科创股都能为投资者带来财富增长。

一、先讲风险论

从创业板历史经验来看，随着科创板的出炉，想必会有一定的溢价空间，但还是要关注科创板背后的风险。

众所周知，科创板允许3年内未盈利的企业上市。这样的上市条件势必使得科创板市场鱼龙混杂，对投资者来讲需要相当高的择优要求。普通投资者直接去参与非成熟企业上市的科创板市场，踩雷的概率也较高。虽然借道“科创板基金”来参与科创板投资是不错的选择，但不是所有“科创基金”都能有良好收益。

从过去的基金历史来看，例如2015年公募基金狂追的乐视网、尔康制药、暴风科技等都相继爆雷。而从2018年底看，爆雷的神雾环保、东方园林、康得新等大量公司都是公募基金重仓股。这表明，对投资高科技、高风险标的来说，国内基金经理还需要吸取经验。对于新市场来说，许多基金经理都没有太多管理类似科创股基金的经验。

科创板的投资风险主要在于价值判断，因为有很多创新型企业，如何判断其中长期投资价值和短期市场价格的关系，并寻找合适的买入点十分关键。

笔者认为，只有真正的独角兽企业的市盈率可以接受在50～80倍之间，至于其他企业能接受的范围应在50倍以内。此观点仅供参考，因为用市盈率判断价值不是唯一标准，更多有关基本面的讲解请阅读笔者的《做精一只股（彩图版）》一书。

二、选基金就是选基金管理人

相比于个人投资者来说，机构投资者拥有着更为完善的风控制度和更为专业的股票估值系统，对科创板企业投资价值和机会的分析也更为深入。同时也能借助公募基金专业投资优势，有效降低投资风险。

在科创板市场里，理应是真正懂得细分技术的专业基金经理才能生存，所谓的专业基金经理必然是金融与理、工、医专业的结合，包括“电力电子、化学化工、生物工程与生物、农业、医学、工业设计与工程等专业分析”。

“华安科创主题3年封闭灵活配置”混合基金，该产品将积极参与科创板战略配售，并由“5位资深基金经理组团”运作。试想一下，5位资深基金经理团队运作，其能力必然会比1位基金经理运作的小规模基金产品要强劲吧。

例如易方达的基金经理刘武、蔡荣成。两人均有工科背景和多年证券投资研究经验，其中刘武曾任易方达行业研究员和研究组长，在TMT、新能源、新材料等新兴成长板块研究经验丰富；蔡荣成曾任易方达TMT研究组长，研究领域覆盖云计算、人工智能、金融科技等。

关于更多相关科创基金经理人资料，大家可以通过“天天基金网”输入某产品搜索后在下栏中“现任基金经理和基金经理变动”查阅详细资料。

三、科创板相关基金产品的分类

科创板相关基金产品主要有如下4类：

1. 被动指数型基金：基金业绩跟基金经理操盘水平关系不大，主要挂钩一篮子权重股与指数密切有关。指数涨则基金净值涨，指数跌则基金净值跌。

2. 灵活配置型的混合基金：它是主动管理型产品，对基金经理选股和仓位控制能力有极高的要求，这类基金仓位配置一般在0～95%，例如当基金经理判断会发生互联网泡沫时，他可以空仓；当他认为互联网盛宴开启时，也可以将相关股票仓位提高到95%。简单地说，哪里机会大就主要投哪里。

3. 偏股票型基金：这些基金的仓位一般控制在80%～95%。优点是对于热门股票标配80%以上仓位，不至于踏空；缺点是很少会空仓或大幅减仓。作为主动型的股票基金，比较考验基金经理的选股能力。

4. 主题基金：主要集中投资于某一主题的行业和企业中。并不按照一般的行业划分方法来选择投资标的，而是根据经济体未来发展的趋势，将某一或某些主题作为选择行业和投资的标准，满足投资者对特定投资对象的个性化需求。

四、散户投资者选择基金产品技巧

1. 上交所也明确指出，为满足适当性要求的投资者，可通过购买公募基金等方式参与科创板。

2. 优先选择能参与新股战略配售的公募基金、团队在历史产品运作有持续稳定收益纪录，建议通过“天天基金网”查阅历史详细。

3. 科创指数型基金或ETF联接基金，比较适合稳健投资者选择，求得指数涨跌的均衡收益。不过，一旦热炒过头时，记得赎回锁利。例如前面讲到“互联网+”基金普遍亏损，而其中同在2015年成立的“164906交银中证海外中国互联网指数基金”在近3年盈利25.45%，成立至2019年5月29日还是盈利11.40%。能扛过熊市不亏损，还愁牛市中少盈利?

4. 场内投资者可以关注ETF（交易所上市交易的开放式基金），其优势在于可以像股票一样买卖，颇为方便快捷，可自行把握点位，且可以实现套利交易。

5. 只要A股不是单边下跌的熊市，笔者建议组合投资，例如主板指数基金+创业板指数基金+科创板指数基金等进行组团获取均衡收益。再例如独角兽基金+创业板基金+科创板基金的组合，一揽所有高新科技类的投资领域。

6. 至于私募基金和资产管理等中小型基金公司发行的产品，规模较小的，投资者一定要谨慎。它们就好比股票市场中的游资，资金规模小、进出便利，盈亏波幅也比较大。

7. 参与科创主题基金的话，适合2～3年内的闲置资金，想较高程度参与科创板投资，尤其希望能间接参与科创板企业战略配售，并能接受较高风险的长期投资者持有，毕竟配售需要锁定一定时间。

五、股票基金买卖方法参考

1. 金字塔买卖法：在市场回调的过程中，假设把资金分为6份，选择适当低位先买进1份，当再下跌一定幅度时再买进2份，当继续下跌时可继续买进3份。在市场高涨时可相反逢高按3份—2份—1份卖出。

2. 乘胜追击法：在市场上涨或牛市过程中，假设以10万元资金为例，可按4万元—3万元—2万元—1万元的形式分批买入，目的是防止越在高涨中的相对高位积累太大的仓位。相反在极度高位时卖出按由大到小减持。

六、大热之后必死的定律

一个新兴板块的设立需要多方面去呵护，如果短期内涌入过多的资金可能会形成泡沫。设置科创基金规模上限就是其中一种体现，能够避免过多过快的热钱将这个市场变成一个泡沫横生的地方。切记，风险是涨出来的，机会是跌出来的，要把控进出市场的节奏。

笔者寄语

笔者无法直接点名推荐某只基金产品，但在前面几节和本节当中，笔者已从多角度解析与分析，其中的机会与风险并存，还请读者朋友们认真多阅读几遍，对笔者的文字才能理解更深层次一些。

当看到各种基金产品销售广告中带有给予“承诺”收益或零风险、产品名称含有“保本”字样、宣传预期收益率、参与“资金池”业务、拆分基金份额让投资者“拼单”、用历史收益来诱惑等，大家要规避这些常见违规行为，以免上当受骗。同时，也不要看到手续费成本谁低就投谁，这样太过于盲目、草率。

另外，笔者志尚团队在市场恰当时，也会发行股票和期货相关私募基金产品，敬请关注志尚官方动态信息。

附录

附录一　科创板股票投资知识测试题
附录二　科创板转融通证券出借和转融券业务实施细则

附录一　科创板股票投资知识测试题

单选题，每题2分，共50题，总分100分，60分及格，考时100分钟。

1．以下哪个选项不是个人投资者参与科创板股票交易应当符合的条件（　　）。

A．申请权限开通前20个交易日证券账户及资金账户内的资产日均不低于人民币50万元（不包括该投资者通过融资融券融入的资金和证券）

B．具有6个月以上的证券交易经验

C．参与证券交易24个月以上

D．通过会员组织的科创板股票投资者适当性综合评估

2．投资者参与科创板股票交易，应当使用（　　）。

A．衍生品合约账户

B．沪市A股证券账户

C．在证券公司开立的TA账户

D．深市证券账户

3．投资者参与科创板股票交易的方式，不包括（　　）。

A．竞价交易

B．盘后固定价格交易

C．大宗交易

D．场外交易

4．下列关于科创板股票盘后固定价格交易的表述，不正确的是（　　）。

A．上交所接受投资者收盘定价申报的时间为每个交易日9：30—11：30、13：00—15：30

B．每个交易日的15：05—15：30为盘后固定价格交易时间，当日15：00仍处于停牌状态的股票不进行盘后固定价格交易

C．客户通过盘后固定价格交易买卖科创板股票的，应当提交收盘定价委托指令

D．投资者只能在每个交易日的15：05—15：30提交盘后固定价格交易的申报

5．投资者以市价申报的方式参与科创板股票交易，不包括（　　）。

A．最优五档即时成交剩余撤销申报

B．最优五档即时成交剩余转限价申报

C．双方最优价格申报

D．对手方最优价格申报

6．以下关于科创板股票竞价交易涨跌幅的表述，不正确的是（　　）。

A．上交所对科创板股票竞价交易实行20%的价格涨跌幅限制

B．首次公开发行上市的科创板股票，上市后的前5个交易日不设价格涨跌幅限制

C．首次公开发行上市的科创板股票，仅在上市首日不设价格涨跌幅限制

D．首次公开发行上市的科创板股票，上市后第6个交易日开始，适用20%的涨跌幅限制

7．科创板股票自（　　）起可作为融资融券标的。

A．上市交易满1个月

B．上市交易满2个月

C．上市交易满3个月

D．上市首日

8．下列关于科创板股票买卖申报的表述，不正确的是（　　）。

A．通过限价申报买卖科创板股票的，单笔申报数量应当不小于200股

B．通过市价申报买卖科创板股票的，单笔申报数量应当不小于200股

C．卖出科创板股票时，余额不足200股的部分，应当一次性申报卖出

D．投资者卖出科创板股票，单笔申报数量只能是200股

9．关于投资者参与科创板股票交易的表述，不正确的是（　　）。

A．投资者应审慎开展科创板股票交易

B．投资者不得滥用资金、持股等优势进行集中交易，影响股票交易价格的正常形成机制

C．可能对市场秩序造成重大影响的大额交易，投资者应选择适当的交易方式，根据市场情况进行分散交易

D．投资者可以根据自身需要，运用大量资金优势进行集中交易

10．以下关于科创板企业所处行业和业务相关风险的表述，不正确的是（　　）。

A．研发投入规模大、盈利周期长

B．技术迭代快、风险高

C．收入稳定、快速盈利

D．严重依赖核心项目、核心技术人员、少数供应商

11．以下关于科创板新股发行询价定价的表述，不正确的是（　　）。

A．科创板新股发行价格、规模、节奏等坚持市场化导向

B．科创板新股发行询价、定价、配售等环节由机构投资者主导

C．个人投资者可以参与科创板新股定价

D．科创板新股发行的询价对象限定在证券公司等7类专业机构投资者

12．以下关于投资者参与科创板新股申购的表述，不正确的是（　　）。

A．根据投资者持有的上海市场非限售A股股份和非限售存托凭证总市值确定其网上可申购额度

B．符合科创板投资者适当性条件且持有市值达到10000元以上的投资者可以参与网上申购

C．每5000元市值可申购一个申购单位

D．每一个新股申购单位为1000股

13．下列关于科创板上市公司表决权差异安排的表述，不正确的是（　　）。

A．发行人在首次公开发行并上市前不具有表决权差异安排的，不得在首次公开发行并上市后以任何方式设置此类安排

B．上市公司章程应当规定每份特别表决权股份的表决权数量

C．普通股份与特别表决权股份具有的所有股东权利完全相同

D．每份特别表决权股份的表决权数量应当相同，且不得超过每份普通股份的表决权数量的10倍

14．特别表决权股份按1：1的比例转换为普通股份自（　　）生效。

A．股份转换相关情形发生时

B．股份转换相关情形发生的次日

C．相关股份转换登记时

D．相关股份转换登记的次日

15．下列关于科创板股票发行上市审核的表述，不正确的是（　　）。

A．科创板发行人申请股票首次发行上市，应当向上交所提交发行上市申请文件

B．上交所对科创板发行人的发行上市申请文件进行审核

C．审核通过后，上交所将审核意见、发行上市申请文件及相关审核资料报送中国证监

会履行注册程序

D. 科创板发行人申请股票首次发行上市，应当向证监会提交发行申请

16. 以下关于上交所对科创板发行上市审核的表述，正确的是（　　）。

A. 上交所通过提出问题，发行人回答问题的方式对发行上市申请文件进行审核

B. 上交所仅关注发行人是否符合上市条件

C. 上交所不对发行人披露的信息进行审核

D. 上交所不关注发行人发行上市申请文件及信息披露内容的真实、准确、完整

17. 以下关于发行人申请首次公开发行股票并在科创板上市环节信息披露的表述，不正确的是（　　）。

A. 发行人应按照中国证监会制定的信息披露规则，编制并披露招股说明书

B. 发行人应当保证发行上市申请文件和信息披露的真实、准确、完整

C. 发行人在发行上市申请文件中披露的内容应当简明易懂，语言应当浅白平实

D. 对投资者作出价值判断和投资决策有重大影响的信息，发行人可以有选择地披露

18. 以下关于上交所出具的同意科创板发行人的发行上市审核意见，表述不正确的是（　　）。

A. 不表明上交所对发行上市申请文件的真实性、准确性、完整性作出保证

B. 不表明上交所对发行人所披露信息的真实性、准确性、完整性作出保证

C. 不表明上交所对该股票的投资价值作出实质性判断或保证

D. 表明上交所对该股票的投资价值作出实质性判断或保证

19. 以下关于科创板股票退市风险警示的表述，不正确的是（　　）。

A. 科创板上市公司股票被实施退市风险警示期间，不进入风险警示板交易

B. 科创板上市公司股票被实施退市风险警示期间，不适用风险警示板交易的相关规定

C. 科创板上市公司股票被实施退市风险警示的，在公司股票简称前冠以"*ST"字样

D. 科创板上市公司股票不实施退市风险警示

20. 以下关于科创板股票退市流程的表述，不正确的是（　　）。

A. 科创板股票退市流程中取消了暂停上市、恢复上市环节

B. 已退市的科创板企业不再设置专门的重新上市环节

C．科创板股票的退市整理期的交易期限为30个交易日

D．科创板公司股票进入退市整理期的，投资者将不可阅读上市公司公告

21．与上交所主板相比，下列关于科创板退市制度的表述，不正确的是（　　）。

A．较主板更为严格，退市时间更短，退市速度更快

B．新增市值低于规定标准、上市公司信息披露或者规范运作存在重大缺陷导致退市的情形

C．明显丧失持续经营能力，仅依赖与主业无关的贸易或者不具备商业实质的关联交易维持。收入的上市公司可能会被退市

D．退市情形与上交所主板完全一致

22．以下关于上交所对科创板上市公司信息披露监管的表述，不正确的是（　　）。

A．上交所通过审阅信息披露文件、提出问询等方式，进行信息披露事中、事后监管

B．上交所对科创板上市公司信息披露文件实施形式审核，对其内容的真实性不承担责任

C．上交所不得对科创板上市公司信息披露实施事前审核

D．科创板上市公司和相关信息披露义务人应当在上交所网站和中国证监会指定媒体上披露信息披露文件

23．科创板存托凭证在上交所上市交易，以（　　）为单位，以（　　）为计价货币，计价单位为每份存托凭证价格。

A．份，人民币

B．份，美元

C．股，人民币

D．股，美元

24．在上交所新设科创板，坚持面向（　　）。

A．世界科技前沿

B．经济主战场

C．国家重大需求

D．以上均是

25．《科创板股票交易特别规定》由（　　）制定。

A．中国证监会

B．上海证券交易所

C．深圳证券交易所

D．中证中小投资者服务中心有限责任公司

26．发行人具有表决权差异安排的，应当充分、详细披露相关情况特别是（　　）等信息，以及依法落实（　　）规定的各项措施。

A．风险、公司治理，保护投资者合法权益

B．公司财务，公司治理

C．公司收入，信息披露

D．公司盈利，公司治理

27．发行人申请股票首次发行上市的，交易所自受理发行上市申请文件之日起（　　）个月内出具同意发行上市的审核意见或者作出终止发行上市审核的决定。

A．1

B．2

C．3

D．4

28．证监会在（　　）个工作日内对发行人的注册申请作出同意注册或者不予注册的决定。

A．5

B．10

C．15

D．20

29．证监会同意注册的决定自作出之日起（　　）年内有效，发行人应当在注册决定有效期内发行股票。

A．1

B．2

C．3

D．4

30．上市公司和相关信息披露义务人应当及时、公平地披露信息，保证所披露的信息的（　　）

A．真实

B．准确

C．完整

D．以上均应符合

31．申请在科创板发行上市的发行人信息披露内容不应（　　）。

A．浅白平实

B．晦涩难懂

C．简明易懂

D．便于投资者阅读、理解

32．科创板上市公司应当充分披露（　　），便于投资者决策。

A．公司业务、技术、财务等方面的重大信息

B．公司治理、公司竞争优势等方面的重大信息

C．公司产业政策、行业趋势方面的重大信息

D．以上均是

33．科创板上市公司和相关信息披露义务人可以按照相关规定，豁免披露（　　）信息。

A．商业秘密

B．国家秘密

C．商业敏感信息

D．以上均是

34．科创板发行人首次公开发行并上市前设置表决权差异安排的，应当经出席股东大会的股东所持（　　）以上的表决权通过。

A．二分之一

B．三分之一

C．三分之二

D．四分之三

35．科创板上市公司股权激励对象可以包括（　　）

A．上市公司的董事、高级管理人员

B．核心技术人员或者核心业务人员

C．公司认为应当激励的、对公司经营业绩和未来发展有直接影响的其他员工

D．以上均是

36．科创板上市公司股权激励所涉及股票比例上限有所扩大，全部在有效期内的股权激励计划所涉及的标的股票总数，累计不得超过公司股本总额的（　　）。

A．10%

B．20%

C．30%

D．40%

37．科创板上市公司存在（　　）等情形，应当终止上市。

A．欺诈发行，严重影响上市地位

B．重大信息披露违法，严重影响上市地位

C．公共安全领域重大违法，严重损害国家利益、社会公共利益，或者严重影响上市地位

D．以上均是

38．科创板企业所处行业和业务往往具有（　　）等特点，投资者应当关注相关风险，审慎做出投资决策。

A．研发投入规模大

B．盈利周期长

C．技术迭代快

D．以上均是

39．科创板企业上市时可能存在（　　）等情形，投资者应当关注相关风险，审慎做出投资决策。

A．首次公开发行前最近3个会计年度未能连续盈利

B．公开发行并上市时尚未盈利

C．有累计未弥补亏损

D．以上均是

40．科创板股票退市整理期的交易期限为（　　）个交易日

A．10

B．20

C．30

D．40

41．个人投资者参与科创板交易，除应符合适当性管理要求外，还应当通过（　　）组织的科创板股票投资者适当性综合评估。

A．上海证券交易所

B．证券公司

C．中国证监会

D．中国证券业协会

42．证券公司应当动态跟踪和持续了解科创板个人投资者交易情况，至少每（　　）年进行一次风险承受能力的后续评估

A．半

B．1

C．2

D．3

43．证券公司应当要求首次委托买入科创板股票的客户，以（　　）形式签署科创板股票交易风险揭示书。

A．仅限纸面

B．仅限电子

C．不可电子

D．纸面或电子

44．个人投资者参与科创板股票交易，证券公司应当重点评估个人投资者（　　）。

A．是否了解科创板股票交易的业务规则

B．是否了解科创板股票交易的流程

C．是否充分知晓科创板股票投资风险

D．以上均是

45．通过限价申报买卖科创板股票的，单笔申报数量应当不小于200股，且不超过（　　）万股。

A．5

B．10

C．15

D．20

46．通过收盘定价申报买卖科创板股票的投资者的单笔申报数量应当不小于200股，且不超过（　　）万股。

A．50

B．100

C．150

D．200

47．科创板大宗交易的交易时间为（　　）。

A．9：30—11：30

B．13：00—15：00

C．15：00—15：30

D．以上均是

48．科创板企业普遍具有（　　）的特征，市场可比公司较少，传统估值方法可能不适用，发行定价难度较大，科创板股票上市后可能存在股价波动的风险。

A．技术新、前景不确定

B．业绩波动大

C．风险高

D．以上均是

49．科创板企业上市后可能还会存在（　　）的情形，投资者应当关注投资风险，理性参与科创板交易。

A．无法盈利

B．持续亏损

C．无法进行利润分配

D．以上均是

50. 在科创板新股认购过程中，下列说法不正确的是（　　）。

A. 网上投资者在提交科创板新股网上申购委托时无须缴付申购资金

B. 在申购新股中签后，投资者应依据中签结果履行资金交收义务，确保其资金账户在T+2日日终有足额的新股认购资金

C. 投资者连续12个月内累计出现3次中签但未足额缴款的情形时，自结算参与人最近一次申报其放弃认购的次日起6个月内不得参与新股、存托凭证、可转换公司债券、可交换公司债券网上申购

D. 投资者认购资金不足的，不足部分仍可认为投资者新股认购成功

提示：可联系志尚助理或志尚客服，获取“科创板网页版测试题”链接，便于答题评分。

以上测试题目答案：

1～5：BBDDC

6～10：CDDDC

11～15：CDCAD

16～20：ADDDD

21～25：DCADB

26～30：ACDAD

31～35：BDDCD

36～40：BDDDC

41～45：BCDDB

46～50：BDDDD

附录二　科创板转融通证券出借和转融券业务实施细则

第一章　总　　则

第一条　为促进科创板转融通证券出借及科创板转融券业务的顺利开展，防范业务风险，根据《转融通业务监督管理试行办法》和《科创板首次公开发行股票注册管理办法（试行）》等部门规章，以及《上海证券交易所转融通证券出借交易实施办法（试行）》（以下简称《证券出借实施办法》）、《中国证券金融股份有限公司转融通业务规则（试行）》（以下简称《转融通业务规则》）、《中国证券登记结算有限责任公司证券出借及转融通登记结算业务规则（试行）》（以下简称《证券出借及转融通登记结算业务规则》）等业务规则，制定本细则。

第二条　本细则所称科创板转融通证券出借（以下简称科创板证券出借），是指证券出借人（以下简称出借人）以一定的费率通过上海证券交易所（以下简称上交所）综合业务平台向中国证券金融股份有限公司（以下简称中国证券金融公司）出借科创板证券，中国证券金融公司到期归还所借证券及相应权益补偿并支付费用的业务。

本细则所称科创板转融券业务，是指中国证券金融公司将自有或者依法筹集的科创板证券出借给科创板转融券借入人（以下简称借入人），供其办理融券的业务。

第三条　科创板证券出借、科创板转融券业务以及相关登记结算业务适用本细则。本细则未作规定的，适用《证券出借实施办法》《转融通业务规则》《证券出借及转融通登记结算业务规则》等其他有关规定。

第四条　科创板证券出借以及科创板转融券业务，均接受约定申报和非约定申报。

中国证券金融公司分别与出借人、借入人进行科创板证券出借、科创板转融券业务。通过约定申报方式参与科创板证券出借以及科创板转融券业务的，由出借人、借入人协商确定约定申报的数量、期限、费率等要素，但应符合本细则及其他有关业务规则的规定。

第五条　中国证券金融公司提供信息交互平台，出借人、借入人可以通过信息交互平台发布出借意愿、借入意愿等信息。

第二章　科创板证券出借

第六条　符合条件的公募基金、社保基金、保险资金等机构投资者以及参与科创板发行人首次公开发行的战略投资者（以下简称战略投资者），可以作为出借人，通过约定申报和非约定申报方式参与科创板证券出借。

第七条　科创板证券出借的标的证券范围，与上交所公布的可融券卖出的科创板标的证券范围一致。

第八条　可通过约定申报和非约定申报方式参与科创板证券出借的证券类型包括：

（一）无限售流通股；

（二）战略投资者配售获得的在承诺的持有期限内的股票；

（三）符合规定的其他证券。

第九条　战略投资者在承诺的持有期限内，不得通过与关联方进行约定申报、与其他主体合谋等方式，锁定配售股票收益、实施利益输送或者谋取其他不当利益。

战略投资者出现前款规定的情形的，上交所可以视情节轻重，对其单独或者合并采取要求限期改正、口头或者书面警示、通报批评、公开谴责等监管措施和纪律处分，并通报中国证券业协会。

第十条　通过约定申报方式参与科创板证券出借的，证券出借期限可在1天至182天的区间内协商确定。

第十一条　上交所接受约定申报方式下出借人的出借申报时间为每个交易日的9：30至11：30、13：00至15：00。

约定申报当日有效。未成交的申报，15：00前可以撤销。

第十二条　通过约定申报方式参与科创板证券出借的，申报数量应当符合以下规定：

（一）单笔申报数量应当为100股（份）的整数倍；

（二）最低单笔申报数量不得低于1000股（份），最大单笔申报数量不得超过1000万股（份）。

通过非约定申报方式参与科创板证券出借的，申报数量应当符合以下规定：

（一）单笔申报数量应当为100股（份）的整数倍；

（二）出借人最低单笔申报数量不得低于1000股（份），最大单笔申报数量不得超过1000万股（份）；

（三）中国证券金融公司最低单笔申报数量不得低于1000股（份），最大单笔申报数量不得超过1亿股（份）。

上交所可以根据市场情况，对科创板证券出借申报数量进行调整。

第十三条　上交所对科创板证券出借约定申报进行实时撮合成交，生成成交数据，并对中国证券金融公司和出借人的账户可交易余额进行实时调整。

第十四条　当日交易结束后，中国证券登记结算有限责任公司（以下简称中国结算）根据上交所的成交数据，对通过约定申报方式达成的科创板证券出借以多边净额结算方式进行清算交收。

第十五条　上交所可以根据市场状况，暂停单只或全部科创板证券参与科创板证券出借。

出借人在开展科创板证券出借过程中发生重大风险事件的，上交所可暂停或终止为其提供科创板证券出借服务。

第三章　科创板转融券业务

第十六条　符合以下条件的证券公司，可以作为借入人通过约定申报和非约定申报方式参与科创板转融券业务：

（一）具有融资融券业务资格，并已开通转融通业务权限；

（二）业务管理制度和风险控制制度健全，具有切实可行的业务实施方案；

（三）技术系统准备就绪；

（四）参与科创板转融券业务应当具备中国证券金融公司规定的其他条件。

第十七条　战略投资者在承诺的持有期限内，可以按本细则向中国证券金融公司借出获得配售的股票。中国证券金融公司可以根据市场需求，将借入的战略投资者配售股票出借给证券公司，供其办理融券业务。

借出期限届满后，中国证券金融公司应当将借入的股票返还给战略投资者。该部分股票归还至战略投资者后，继续按战略投资者获配取得的股份管理。

第十八条 中国证券金融公司根据市场状况，确定可以参与科创板转融券业务的标的证券名单，在每一交易日开市前公布。

第十九条 证券公司向中国证券金融公司借入证券用于融资融券业务的，需使用证券公司融券专用证券账户。

第二十条 借入人以约定申报方式和非约定申报方式提交的科创板转融券申报指令应当符合以下规定：

（一）单笔申报数量应当为100股（份）的整数倍；

（二）最低单笔申报数量不得低于1000股（份），最大单笔申报数量不得超过1000万股（份）。

第二十一条 中国证券金融公司接受借入人科创板转融券约定申报指令的时间为每个交易日9：30至11：30、13：00至15：00。

科创板转融券约定申报指令未成交的，借入人可在15：00前撤销。

第二十二条 通过约定申报方式参与科创板转融券业务的，转融券期限可在1天至182天的区间内协商确定。

第二十三条 通过约定申报方式参与科创板转融券业务的，转融券费率应符合以下要求：

（一）借入人申报的费率=出借人申报的费率+科创板转融券费率差；

（二）借入人申报的费率不得低于或等于科创板转融券费率差。

科创板转融券费率差按中国证券金融公司公布的标准执行。中国证券金融公司可以根据市场供求等因素调整科创板转融券费率差。

第二十四条 中国证券金融公司可根据借入人资信情况和转融通担保证券、资金明细账户的资产情况，按照一定的综合比例，确定对借入人开展科创板转融券业务应收取的保证金。

前款应收取的保证金比例可低于20%，其中货币资金占应收取保证金的比例不得低于15%。

第二十五条 中国证券金融公司按照一一对应原则，对科创板转融券约定申报实时撮合成交，生成科创板转融券约定申报成交数据，并实时发送上交所。

上交所接受科创板转融券约定申报成交数据的时间为每个交易日9：30至11：30、13：00至15：10。科创板转融券约定申报成交数据当日有效。

对科创板转融券非约定申报，仍按照现有规定执行，采用盘中申报、盘后一次性按比例撮合成交，中国结算日终根据中国证券金融公司直接发送的成交数据进行证券划转。

第二十六条 上交所接受中国证券金融公司发送的科创板转融券约定申报成交数据后，对中国证券金融公司和借入人的账户可交易余额进行实时调整确认，并向中国证券金融公司反馈调整结果。

前款科创板转融券约定申报成交数据要素包括：中国证券金融公司证券账户、中国证券金融公司交易单元代码、借入人证券账户、借入人交易单元代码、证券代码、划转方向、划转数量等。

中国证券金融公司接受前款调整结果后，实时向借入人发送科创板转融券约定申报成交结果和账户可交易余额调整结果。

第二十七条 上交所根据本细则第二十六条对中国证券金融公司和借入人的账户可交易余额完成调整的，当日交易结束后上交所将中国证券金融公司该部分科创板转融券约定申报成交数据发送中国结算，中国结算据此对科创板转融券约定申报的成交以多边净额结算方式进行清算交收。

第二十八条 因特殊原因，导致中国证券金融公司和借入人账户可交易余额未做实时调整的，当日交易结束后，中国证券金融公司就该部分科创板转融券约定申报成交数据，向中国结算发送证券划转指令。

中国结算在日终对符合要求的证券划转指令进行划转处理，且只对已完成证券交收或净应付证券交收锁定之后的证券进行划出处理。如果委托划出的证券数量大于该证券账户中可划出的该种证券的数量，则对该笔证券划转指令不做划转处理。

第二十九条 借入人和出借人协商一致，可申请科创板转融券约定申报的展期、提前了结，经中国证券金融公司同意后可以展期或提前了结。

借入人和出借人应在原合约到期日前的同一交易日向中国证券金融公司提交展期指令；在商定的归还日前的同一交易日提交提前了结指令。

提交展期或提前了结指令的时间为每个交易日9：30至11：30、13：00至15：00。展期或提前了结指令当日有效，在15：00前可撤销。

第三十条 科创板转融券展期的，展期数量、期限、费率由借入人和出借人按照本细则协商确定。

借入人和出借人协商提前了结的，应一次性全部提前了结该笔转融券业务。提前了结时，双方可以协商调整原费率。

第三十一条 科创板转融券业务提前了结的，相关权益补偿一并提前了结。权益补偿日需重新计算，其中原转融券归还日为出借人和借入人商定的归还日。

转融券展期的，相关权益补偿不进行展期。

第三十二条 通过约定申报进行科创板转融券业务，以及相关展期、提前了结等过程中，借入人和出借人应当合理确定费率、期限、实际出借天数等要素，不得违反中国证券金融公司相关规定，禁止任何形式的利益输送。

第三十三条 证券公司向中国证券金融公司归还所借证券的，证券公司通过中国结算从证券公司融券专用证券账户将归还证券划付至中国证券金融公司转融通专用证券账户。

第三十四条 中国证券金融公司可以根据市场状况，暂停单只或全部科创板证券参与科创板转融券业务。

借入人在开展科创板转融券业务过程中发生重大风险事件的，中国证券金融公司可暂停或终止为其提供科创板转融券服务。

第四章 附 则

第三十五条 对于非约定申报方式的科创板证券出借与科创板转融券业务，本细则未做规定的，按照《证券出借实施办法》《转融通业务规则》及《证券出借及转融通登记结算业务规则》等有关规定执行。

第三十六条 经中国证监会批准，中国证券金融公司可将自有或依法筹集的证券出借给证券公司，供其用于做市与风险对冲，相关事项另行规定。

第三十七条 本细则报中国证监会批准后生效，修改时亦同。

第三十八条 本细则由上交所、中国证券金融公司、中国结算负责解释。

第三十九条 本细则自发布之日起施行。

2019年4月30日

结语

未来的科创板或会赶超当前的创业板规模，是股民投资者又一个新的主战场，也是未来财富增长最快、数量最大的新兴市场。但考虑到其中的风险和机会同存，所以笔者迫不及待地收集资料、梳理成章，再总结以往经验，结合自身对港股、美股市场的接触、认知，将科创板推出后或会面临的一些复杂因素，归纳于本书各章节，率先出版于众，便于各位股民投资者及时恶补知识，帮助大家领先抢占科创板的市场先机，这就是笔者撰写这本书的初衷。本书作为“科创板教科工具书”，若是对你有所帮助的话，还请你多分享给有需要的人。

本书执笔仓促，时间紧迫，草成之书难免会有错漏、不够完善的地方。还望读者朋友们能给予理解和指正，笔者将不胜感激。本书的出版笔者要感谢广东经济出版社投资理财编辑室主任罗振文老师和责任编辑周伊凌的支持与配合；同时还要感谢志尚团队的张超、张洲、曹仁、何欣、阳莱等人全力协助完成此书。

李志尚

2019年夏（深圳）

特别声明：由于科创板属于新生市场，书中部分图片和文字摘自互联网公开信息，不涉及任何企业或个人的隐私，亦非对任何企业和个人的行为作出任何伤害和道德批判，只作为一般理论性的研讨。

温馨提示：若你读本书有困难或难以理解，请使用微信扫一扫“志尚投教”小程序（二维码）进入在线视频学习，另请关注“志尚投教”微信公众号，从微信“志尚投教”公众号底栏点击“志尚投教”进入，也可在电脑上学习。为了体现量大从优，为读者朋友们节省更多学费，不妨选择年卡会员随时随地畅学。当受益后，还请将“志尚投教”二维码分享给身边更多需要帮助的朋友。

以书结缘　互动方式：

电话：4006 917866　QQ：420150497

网址：www.zswm168.com　微博：https：//weibo.com/LZSV5

李志尚微信号　**志尚投教公众号**　**志尚投教小程序**